投得值

品牌营销
降本增效实战指南

夏洪波　著

中国人民大学出版社
· 北京 ·

自　序

这是一本讲如何提高营销效益的书。

对效益问题的关注始于三十多年前我在大学读企业管理专业期间。我记得当时不论是经营管理课，还是生产管理课、财务管理课，老师们提及最多的词可能就是经济效益了。

大学毕业后，我做了五年专职教师，讲授“市场营销”和“企业管理”两门课程。一以贯之，我天天给学生讲的也是企业要以提高效益为目的，争取用最少的投入获得最大的产出。

1996 年我来到全国首创广告学专业的厦门大学攻读广告学硕士。由于自己的专业背景和工作经历，读研期间我更多的是从企业管理和市场营销的角度来研究广告，发表了三十多篇文章，其中有一篇《浅谈广告投资的经济学规律》提到广告是一种投资行为，广告投资遵循边际效益规律，并详细分析了在品牌生命周期不同阶段的广告投入策略，想来这篇文章可以算是自己研究效益问题的起点了。当时我的硕士毕业论文题目是《关于目前企业广告投放行为的初步研究》，论文通过实证调研和统计分析，呈现了当时企业广告运作的基本概况，重点分析了当时企业在广告媒体选择、广告决策、广告效果和广告组织管理等方面的状况和对策。

1999 年硕士毕业后，我进入中央电视台广告部工作，先从市场推广岗位做起，之后负责电视剧销售，再后来又分管业务管理工作。2005 年我开始担任央视广告部主任，全面负责央视广告经营工作，当时我最基本的经营思路是：媒体广告经营如同企业的产品经营，应该像企业卖产品一样卖央视广告。

在此思路下，当时的央视广告部建立起一套系统、完整的媒体广告营销体系。在央视广告品牌化经营战略引领下，提出品牌价值主张“相信品牌的力量”，创新成立产品研发部门，建立满足不同类型客户需求的央视广告产品体系和价格体系，同时正式建立了功能完善的市场部门，面向市场进行战略研究、市场推广和品牌宣传，打造了“春耕行动”“AD 季高校之旅”“公益广告是一盏灯”等品牌活动。针对一年一度的广告招标和 2008 年北京奥运会营销，完全按照“营销战役”进行专业化、品牌化的运作。借鉴企业经营产品的模式来经营媒体广告，大大提高了央视广告经营的市场化和专业化程度，也带来央视广告收入的高速增长。

2010 年我加盟凤凰卫视，先后负责凤凰卫视电视广告、数字户外以及全媒体经营。凤凰卫视本身是一家高度市场化的上市公司，我的角色就是公司的营销负责人，负责这家媒体企业的商业化产品设计、市场推广、产品销售和品牌建设，营销目标是获得最大化的营业收入和利润，不断提高公司的效益水平。

多年的媒体营销实践让我深刻体会到，媒体广告营销本质上与企业产品营销是一样的，只是二者经营的产品不同：媒体主要面向B端商业客户经营“广告”这种无形服务产品，但二者都需要遵循同样的市场规律和营销逻辑，都需要以市场需求和客户需要为起点，按照4P（产品、价格、渠道、促销）的架构来布局和统筹经营活动，都需要追求最大化的营销效益。

在三十多年的工作实践过程中，我接触了国内外各行各业大大小小几千家企业和机构，实地走访、深度交流的企业也在千家以上。在与这些企业交流和合作的过程中，我发现效益一直是一个永恒的话题，如何投得更值是所有企业的永恒追求。我深刻知道，从根本上说，广告客户需要的不是更好的媒体资源，也不是更低的价格，而是更高的效益，与客户的每一次合作，都应该是一个新的营销效益研究课题，都应该努力打造成一个优秀的营销获益案例。

2019年我回归学校，重新开启自己的教学梦想之旅。

从2019年秋季起，我在中国人民大学开设“广告主研究”课程，至今已快六年。这门课程顾名思义是研究广告主，即研究做广告的企业、机构和个人。广告主研究，首先要定义什么是广告，我认为今天的广告是“泛广告”，品牌与消费者的一切接触机会都应该看作广告，同时我把这门课的主线确定为提升效益，广告主的一切动作都应该是为了提升效益。

这门课在国内高校是首次开设，需要建立起基本的理论体系和架构。几年来，在对教案的反复打磨过程中，我不断深化对企业营销的研究和理解，不断总结营销效益提升之道。这本书的整体结构和主要内容都是在这门课讲义的基础上整理改编而成的。

我另一个多年的梦想是创办一所广告职业教育机构。2019 年我创建了广告主创新实验室，2020 年创办了香港启德商学院，致力于打造“研—产—学”联动的营销界的“黄埔军校”。“研”是针对目前品牌主迫切需要解决的现实问题进行研究，提出创造性的解决方案，“产”是对研究成果进行产业转化和业务实践，“学”是在研究成果和产业实践的基础上发展相关的课程产品和教育服务，同时在“学”的过程中发现新问题，再进入“研—产—学”的新一轮循环，不断优化提升。

几年来，我们的研究主题、咨询业务和课程产品全部聚焦效益问题。我们希望聚其一点，力出一孔，深挖再深挖，把营销效益的这一永恒主题和历史难题研究透、解决彻底。目前我们已经创造性地形成体系化的接触点方法论，研发出一系列营销效益管理模型和工具，获得多项国家专利，在行业内率先解决跨媒体、跨项目、跨触点统一评价历史难题，研究成果被《哈佛商业评论》(中文版)刊发。在“研”的基础上，我们成功为海尔、喜力、华润三九、中国劲酒等国内外多个行业的知名品牌提供了营销效益管理咨询服务。同时，依托前沿的研究成果和丰富的咨询经验，我们推出“品牌营销降本增效工坊”这样的普适性实训课程产品，让大家“带着问题来、带着方案走”，广大学员、企业可真正掌握提升营销效益的模型工具、实施路径和操作办法。以上这些研究成果、实战经验和咨询案例也将在本书中一一呈现。在此要特别感谢这些领先企业的创新实践和经验智慧。

个人的力量是有限的。在这几年的创新研究和实践中，我要特别感谢我的两位黄金搭档：常麟先生和赵洁女士，还要感谢郑维东、王建平、林升栋、钱磊、谭泽薇、陈俊良、陈富国、田涛、刘航、吴月潇、王蕊、修利超等各位专家老师的指导和帮助。还要特别感谢中国人民大学出版社李伟老师，他为本书提供了很多专业意见和建议。

营销虽然有规律可循，但没有标准答案，每一个营销决策都是个性化的解决方案，追求营销效益最大化也永无止境。本书只是一个引子，希望能够引发更多的企业、更多的朋友参与到营销效益这一课题的研究和实践中，让我们一起来探索营销效益管理的科学规律，一起来寻求营销效益提升之道，共同推动中国品牌不断提高科学营销水平。这也是我写此书的主要目的。

夏洪波

2025 年 3 月

目 录

引言

1 一家烘焙坊

有一天，我在中国人民大学校园里路过一家烘焙坊，看到墙面上张贴了一幅海报，就过去拍了下来。这时一名店员走过来，得知我是广告专业的老师，就跟我攀谈起来，她说这些海报换过好几次了，也不知道有没有作用，她还拿出一沓厚厚的产品传单给我看，上面印满了店里各式各样产品的图片和价格，她说这些传单虽然摆在结账柜台，但很少有学生看或者带走，她也不清楚店里这么多产品，该重点宣传哪一个。

我问她，有没有在学校后勤的微信公众号“温馨人大”或者抖音、美团等线上渠道做些推广，她说现在新媒体太多了，不知道哪个更管用，所以一直没做。她指着门口一辆被精心装饰好的三轮车说，这车是给师生送货上门用的，在校园里骑着很拉风。

最后她跟我说，店里没有多少预算，只能挤出一点点钱做宣传和推广，希望我能帮着想想办法，把这一点点钱花出效果。我答应她会发动同学们一起来研究，给她提供一些建议。

与这家小店相似，其实这些困惑很多企业也有。近几年我们与各类企业沟通，发现无论是大企业、大品牌，还是小微企业，无论是民族品牌，还是国际品牌，都有很多共同的困惑：

这么多产品，该重点宣传哪一个？

这么多人，该对谁宣传？

这么多类型的媒体，哪一类更适合自己，该投哪些媒体？

短视频现在很火，要不要试试？

营销预算有限，该如何分配？

在几种媒体投了广告，也做了内容宣传、办了活动，到底哪个效果更好？

应该跟消费者说些什么、怎么说，才能抓住他们？

有没有少花钱甚至不花钱的营销办法？

……

除此之外，几乎所有企业都会发出这样的感慨：现在消费者越来越捉摸不透了，企业的营销手段越来越不灵了，效果越来越不明显了。

上述所有的问题，都可以归结为两个字：效益。企业希望花出去的每一分钱都能有效果，希望投得值。

特别是近几年，经济增长放缓，企业的营销费用普遍比较紧张。有限的预算如何投得更准、花得更值，成为越来越多企业的普遍需求，也是一个急需解决的现实问题。

其实效益问题是一个永恒的话题，经济景气的时候，企业同样在追求最大化的投入产出，只不过良好的增长业绩掩盖了这个问题的重要性。经济不景气的时候，这个问题就显得尤为突出和迫切了。

效益问题也是一个历史难题，因为影响营销效益的因素太多了，而且这些因素相互交织、互相作用。但事物发展总是有规律的，效益问题也一定可以找到有效的破解办法。我们必须直面这一历史难题，努力去寻找效益密码。

2 “穿上消费者的鞋子走一遍”

解决任何营销问题，都需要回归营销的原点：消费者，从消费者角度出发来寻找答案。品牌效益问题也不例外。

这是我在中国人民大学“广告主研究”课堂上给学生布置的一项作业：

> 实地考察你身边的某家餐馆、咖啡厅等。在考察过程中，你接触到商家的哪些元素，哪些对你影响比较大，你对商家有何优化建议？请根据你的考察撰写一篇分析报告。

以下是同学们对校内一家餐馆的考察分析：

> 餐厅门口地面不太整洁，有杂物；
>
> 餐厅大门是木门，打开比较费劲，不太方便，还嘎嘎乱响，感觉很破旧，门把手有油腻感，不太干净；
>
> 餐厅提供免费的酸梅汁和大麦茶，还有零食，感觉很实惠；
>
> 桌面下方有插座，能接电脑，大家可以边吃饭边赶作业，

或者和同学讨论课题；

有时杯子边缘和盛零食的碟子上有污渍；

使用餐厅的点餐小程序查找菜品时比较费劲；

员工制服上和餐厅的 Wi-Fi 密码里都有“好好学习，天天吃鱼”，可以提醒大家点主打菜“烤鱼”，同时感觉这句话挺有共鸣的；

洗手间不太卫生；

店门口张贴的营业时间是 6:00—22:00，但经常出现在这个时间段还没吃完就被催促离开的情况；

新生入学时，学校后勤集团的微信公众号“温馨人大”会推送餐厅的一些内容；

为充值的师生提供免费配送服务；

在四、六级英语考试结束或期中考试、期末考试后，不少学生有“吃一顿好的，犒劳自己”的想法，建议此时可加大宣传力度，推出一些优惠活动；

跟餐厅老板交流上述想法时，老板没想到会有这么多细节影响到顾客，表示会积极改进。

在作业讨论过程中，同学们得出以下结论：

影响消费者的因素很多，而且很具体、很细微。这些因素都是消费者与品牌的一个个接触点。

每一个接触点都很重要，都会影响消费者对品牌的印象，甚至会随时中断他们的消费旅程。

回到营销的原点，“穿上消费者的鞋子走上一遍”，就会发现，真正影响消费者的品牌感知和购买行动的是他们与品牌的每一次接触机会、每一个接触点。

3 消费者旅程是由接触点构成的

在我来中国人民大学开设“广告主研究”课程之前，我曾想如果能把讲课的内容录下来并直接转为文档再来整理讲义，那将多么方便！当时我有一个索尼录音笔，只能录音但不能将录音内容转成文字。

碰巧在一次会议上，我看到一位嘉宾正在使用科大讯飞录音笔，可以实现将录音内容直接转成文字。

后来，我上网了解到，除了科大讯飞，小米等商家也有类似的产品。

我想起自己认识科大讯飞的一位副总，便主动给他打电话了解这方面的最新情况。他向我介绍了企业在语音技术和改款产品方面的领先优势，并表示下一步公司将继续加大这方面的研发，我听了之后对科大讯飞的产品更有信心了，同时他向我详细介绍了最新款的智能录音笔。

之后我在手机上看到一些科大讯飞录音笔的介绍文章，又进一步了解了科大讯飞智能录音笔各种型号的功能差异。

确定购买意向后，我想实际体验一下产品，看看操作是否方便。于是我上网查找科大讯飞的线下销售网点，根据网上地址，跑了两家，销售点都撤了，最后来到某商场科大讯飞的销售专柜，服务人员给我拿出一个样机，看起来很商务，握在手里也很轻，我问服务人员能否实际操作体验一下，可惜他们也不会，让我打客服热线进行咨询。

从商场出来，我将信将疑地拨通了科大讯飞的客服热线，没想到客服人员在电话中不仅详细介绍了产品的操作步骤，也对我的几个问题作了非常清晰的解答，完全打消了我对“操作是否方便”的疑虑。

然后我比较了一下线上线下的价格。京东正好有优惠活动，所以直接下单购买。

在这几年的产品使用过程中，我跟很多人分享过使用科大讯飞录音笔的便利之处，也推荐不少人购买了这一产品。

我把自己购买科大讯飞录音笔的过程简单梳理了一下，大概包括以下关键节点：看到别人使用产品—上网查询产品信息—向企业员工了解品牌详细信息—在手机上看到品牌相关内容—上网进一步查询信息—实地体验产品—客服热线咨询—网上购买—产品使用分享和推荐。我发现，这一个个关键节点就是我与产品的一个个接触点，我的整个购买旅程是由这些接触点构成的。

请大家回忆一下自己购买手机或者其他某件商品的经历。你与它的第一次相遇，可能是听别人说起这个品牌，或者是看到别人使用它，或者是在网上看到关于它的一些文章或者用户评论等等，不论以怎样的方式开始，从相遇的那一天起，到你最终购买、拥有它，以及在使用过程中与它相伴，整个过程一定充满了你和品牌的一个个接触点，在这一次次接触过程中，你与它从相遇到相知，再到拥有、相伴。可以说，消费者旅程是由消费者与品牌的一个个接触点构成的。

 投向接触点

在消费者旅程中，品牌与消费者的每一次相遇，都是一次重要的营销机会，每一个接触点都是一个营销单元。品牌如果把消费者旅程的每一个接触点都经营好了，让消费者在每一个接触点上都满意了，那么，品牌营销也就做好了，品牌也就成功了。

所以，品牌营销究竟应该做什么，如何做？其实很简单，经营好、管理好消费者旅程的每一个接触点，就是品牌营销的全部。品牌营销预算究竟应该投向何方？答案只有一个，就是投向消费者旅程的每一个接触点。

投向接触点，能从根本上保证品牌营销投入大方向的“政治正确”，这也是保障品牌营销效益的根本前提。

回到消费者视角，“穿上消费者的鞋子走一遍”，就会发现在消费者旅程中，消费者与品牌的接触点细微而繁多，很多时候大大超出了企业营销人员的想象。保时捷品牌通过深入分析，找出 380 多个重要的消费者接触点。每一个接触点都是重要的，重点接触点需要重点投入，一般接触点也需要得到关照。

当我们回头审视今天的品牌营销，大多数企业都在重复着那些习以为常的营销动作，在媒体上投放广告，举办一场场的产品推广活动，推出各种各样的促销措施等，而且大多数企业都很“卷”，

哪些媒体火就投哪些媒体，哪些营销手段新就使用哪些营销手段，全然不顾这些营销项目是否适合自己。

对大多数品牌来说，这些常规的营销手段，往往只是目标消费者与品牌所有接触点中的很小部分，企业却在重复进行着过度投入，还有一些甚至不是目标消费者的接触点，根本就是无效投入。是时候醒醒了！企业一直重金投入的那些营销方式，很多只是自己的想当然，大都属于低效投入。

有限的营销预算必须花在点子上，这个点就是消费者与品牌的接触点。找到正确的投入方向，才有可能充分发挥每一分钱的价值，产生高效益。

接触点是彻底的消费者视角的概念。在消费者看来，广告、媒体、内容、活动、公关等，这些都是企业视角的概念，在他们眼中，只有与品牌的一次次接触、一个个接触点。未来的营销是接触点营销。任何一个营销任务，将分解成一个个接触点任务，进行精细化经营和管理，同时进行接触点效益管理，设定效益目标、策略和绩效管理办法。

5 接触点解决历史难题

导致企业营销投入效益不高的一个客观原因是长期以来没有解决跨项目评价问题，这也是效益问题成了一个历史难题的核心原因。不同营销项目的效果评价指标各不相同，缺乏统一的评价标准，无法进行横向比较，导致企业很难判断哪个项目效果更好、作用更大，只能凭主观经验进行判断，这就很难保证投入决策的科学性、合理性，必然导致效益不高。

从接触点的概念出发，可以找到有效解决这一问题的方法。接触点是营销底层的统一概念。所有营销方式本质上都是消费者与品牌的接触，底层作用机制都是触达、触动、触发（见图 1）。

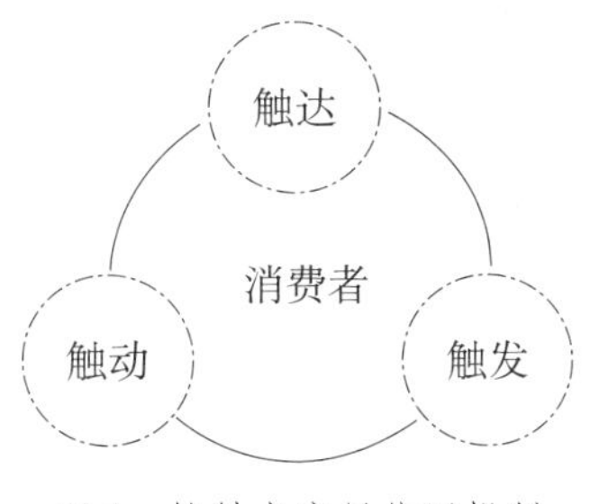

图 1　接触点底层作用机制

基于统一的接触点底层作用机制，可以衡量在不同接触点上品牌与消费者的接触效能，从而建立统一的评价标准，实现跨触点比较。启德商学院广告主创新实验室基于创新的接触点方法论，研发出能应用于多个营销场景的跨触点评价模型和专利技术：例如，接触点四维动量评价模型，可以通过评价不同接触点对消费者购买行动的影响，帮助企业进行科学的营销预算分配，解决“投前”如何投得更准的问题；再如，接触点效果评价模型，可用来进行跨项目效果评估，解决“投后”谁效果更好、贡献更大的问题；又如，接触点内容评价模型，可以帮助品牌找到最适切的内容资源触点和内容风格形式等。

6 这本书讲了什么

这本书建立了一个能提升品牌营销效益的结实而实用的框架。

本书的底层逻辑是接触点方法论。所有的营销动作本质上都是消费者与品牌的“接触”，“接触点”是超越不同营销方式的通用概念，所有营销动作的底层作用机制都是触达、触动、触发，“接触点评价”可以突破性解决跨营销项目统一评价这一历史难题。本书基于接触点方法论，突破广告、活动、内容等传统营销概念和方式，彻底回归消费者原点，从“消费者—品牌”接触点出发，为企业搭建了一套完整系统的提高品牌营销效益的落地解决方案。

本书的内容结构按企业营销决策的一般顺序展开。首先阐明创新的接触点方法论，然后讲必须彻底转变为消费者思维（第 1 章），以及营销决策的首要问题“投不投”（第 2 章），后面依次展开分析“如何投”，具体包括“投哪个产品”（第 3 章）、“投给谁”（第 4 章）、“投向哪”（第 5、6 章）、“如何说”（第 7 章），以及“如何投得值”（第 8、9 章），最后介绍一些少花钱甚至不花钱的提高效益的方法——“低垂的果实”（第 10 章）。

各章主要内容如下：

第 1 章　企业家脑袋，消费者思维

提高营销效益，首先需要从企业思维彻底转变为消费者思维。让消费者思维真正落地，需要从观念、业务和组织管理等多个方面综合施策。

第 2 章　投不投？

深刻理解营销的三大作用是营销投入决策的前提。从根本上决定企业要不要进行营销投入的是消费者，不是企业和竞争者。介绍企业通常在什么情况下需要进行营销投入，以及不景气时期的投入决策。

第 3 章　投哪个产品？

营销投入既要投在产品品牌上，也要投在企业品牌上。应聚焦核心品类、核心品牌和核心产品，重点投入大单品、新产品、战略产品、竞争性产品和促销产品等。

第 4 章　投给谁？

品牌营销要面向泛消费者。消费者画像不能有效识别核心目标消费者，需要通过 DNA 特征进行精准识别。应重点投向高价值消费者。消费者是流动的，不能“刻舟求剑”。

第 5 章　投向哪？（一）

每个品牌都需要建立自己的全触点图谱。分别介绍五大触点群：产品触点群、媒体触点群、他人触点群、自触点群和售点触点群。

第 6 章　投向哪？（二）

每个接触点都有解决品牌问题的能力专长和边界。运用接触点价值分析“苹果”模型对企业常用触点，如传统媒体与互联网媒体、三大短视频平台、关系媒体、小红书与 B 站、电商平台、户外媒体等，进行详细分析。

第 7 章　如何说？

品牌应围绕消费者进行沟通，重点说消费者价值，最好把价值结果说出来。介绍如何运用“FAB”工具挖掘消费者价值。特别提出内容营销的秘诀是，不是为了产品推广而是为了获得用户。

第 8 章　如何投得值？（一）

运用“消费者的一天”等方法找到关键接触点，然后进行跨触点统一评价，同时需要结合多维度定性分析，科学分配营销预算。

第 9 章　如何投得值？（二）

从建立品牌专属的营销协同模式、日常执行过程中动态优化营销投入、投后进行科学的跨项目效果评价三个方面，分析如何有效提高营销投入效益。同时明确指出“品”与“效”是伪命题。

第 10 章　“低垂的果实”——少花钱甚至不花钱的办法

介绍一些高性价比但又常常被企业忽视的营销方法，包括打造感官品牌、充分使用媒体、聚焦关键触点时刻、重视“沉默”的员工触点、建立媒体化组织和向创意要效益等。

这本书的特点可以概括为实用和前沿。

这不是一本理论书籍，这是一本实战手册。书中的观点和方法都是作者在多年的营销实践过程中总结提炼的，很多案例是作者亲身参与和主导操作的。书中展现的多个专利工具模型，已经在作者团队为多个知名品牌提供的咨询实践中得到了验证。从实践中来，到实践中去，相信这些前沿的方法工具和实战经验一定可以帮助企业提高品牌营销效益、降本增效。

应该说明的是，这本书不仅适用于大企业、大品牌，也适用于大量的小微企业。因为无论企业规模大小，营销的规律和逻辑都是一样的，更何况，企业在创立初期和成长早期更需要建立一套科学规范的营销效益管理模式。这本书的体系化结构可以帮助这些企业决策者建立正确的营销决策思维和科学的营销系统架构。

这本书不仅适用于企业客户，也适用于各类政府类客户。近些年很多地区的政府机构和企事业单位纷纷开展各种形式的市场推广活动，但整体来看，传播形式还相对单一，营销手法相对简单。如何提高品牌投入效益，同样也是政府类客户面临的一大难题。书中呈现的观点策略和工具方法应该会为政府类客户带来有价值的启发和帮助。

在当今社会，生活中处处是营销，人人都需要打造品牌。相信本书的很多观点和方法同样可以应用到我们每个人的日常工作和生活中。

第 1 章

企业家脑袋，消费者思维

1.1 电视机是一件家具

三星电视机在发展过程中曾经遇到过难以突破的增长瓶颈。尽管他们在产品上加入很多先进技术，但还是卖得越来越差。

后来三星管理层决定启动一项新的研究，把自己所遇到的问题“如何才能卖掉更多的电视机”，重新表述成“电视机在用户家庭中代表了什么”。研究发现，消费者对电视机的外观有许多不满意的地方，他们希望电视机和室内的其他物品、家具更协调，他们还想让家里的物品包括电视机永远不过时。在一组具备人文科学知识的研究人员的点拨下，三星领悟到，电视机不仅仅是一件电器，它在家庭中还扮演着一个重要角色：电视机是一件家具。

在新的产品理念下，三星开始重新设计电视机。公司远赴斯堪的纳维亚半岛参加当地的设计速成班，与来自斯德哥尔摩、哥本哈根、赫尔辛基的家具设计师们合作，重新审视电视机的视觉设计。新款电视机把扬声器和其他碍眼的东西，如按钮等，统统隐藏到人们看不见的地方，新设计还抛弃了那些四四方方的线条，加入能让人联想到自然界有机体形态的白色渐变曲线，并集中开发与这些新电视机相匹配的前沿技术。

基于“电视机是一件家具”这一全新视角，经过一系列改变，三星在消费者心目中成为电视机设计界的安恩·雅各布森（Arne Jacobsen，丹麦著名建筑师，工业产品和家居设计大师）。两年后三星电视机抢下 11.3% 的市场份额，五年后更是翻了一番还多，达到 28.5%。

电视机不是一件电器，电视机是一件家具。这番见解看似简单，却发人深省。这本质上是企业思维的巨大转变，是从企业内部的产品思维转向外部的消费者思维。

1.2 两种思维，两种行动，两种结果

营销学经典案例“卖电钻”的故事告诉我们，商家关注的是“电钻”，想着如何把电钻卖出去，而消费者想要的是在墙上打一个漂亮的“洞”。

消费者与企业有完全不同的需求和想法。“企业所求”和“消费者所思”是一对天然矛盾体。

企业常常会这样想：

产品的特点和优势是什么？

消费者在哪里，如何找到他们？

如何影响他们？

如何让他们买，如何让他们马上就买，又如何让他们买了还买？

而消费者关心的问题不一样，甚至截然相反：

> 你是谁，你能解决我的问题吗？
> 我凭什么相信你说的？
> 这个产品值吗，买得划算吗？
> 买这个牌子还是那个牌子？
> 为什么非要现在买，为什么非要在这儿买？

消费者和企业好像生活在两个不同的星球，同样一个市场元素，他们的理解也完全不同。

比如，在企业看来，品牌专卖店是一个销售场所，而在消费者眼里，它是产品和品牌的体验空间，是品牌的一部分。消费者不会区分产品制造商和零售商，也没有渠道和终端的概念，他们认为只要和这个品牌有关的，就是这个品牌的一部分。

再如，企业认为媒体广告是说服消费者购买产品的一种营销方式，但在消费者看来，广告只是他们获得品牌信息的渠道之一，如果广告中有他们感兴趣的信息，他们就关注，如果没有他们需要的信息，任凭怎么狂轰滥炸，他们也无动于衷，甚至反感躲避。大多数广告都是企业产品的推广信息，所以消费者很少去主动接触广告。

可以发现，消费者和企业的想法天生就是错位的。消费者一直想的是自己的需求，以及自己需求如何解决、如何满足，不会像企业那样满脑子想的是自己的产品，以及怎么卖自己的产品。消费者对待品牌的态度是漠然的、谨慎的、怀疑的，甚至是天生抗拒的。

企业该怎么办？只有换位思考，抛掉自己“所求”，去想消费者“所思”。

海尔旗下高端家电品牌卡萨帝在为用户安装壁挂电视时，为了在墙上打出那个漂亮的“洞”，可是下足了功夫，他们采用专业的水钻打孔工具进行无尘安装，避免飞溅的粉尘弄脏用户家中环境，大大提高了消费者的满意度。

有一年我到广西北海，在银滩岸边看到两家相距不到 200 米的售楼处。一家门口写着“营销中心”，装修高端奢华，但门口冷冷清清，另一家叫“接待中心”，看起来装修很普通，但过来看房的人和车辆来来往往，估计生意不错。

同样的地段，却呈现出两种截然不同的市场景象。售楼处称谓的不同，就已经反映出两家开发商不同的营销思维。“营销中心”是站在企业角度，把消费者作为营销对象，摆出一副“推销产品”的架势，是典型的企业自我思维，而“接待中心”是站在消费者视角，展示出“服务消费者”的姿态，是消费者思维的体现。

两种思维，两种行动，两种结果。对企业来说，脑袋虽然长在自己头上，但必须转换为消费者思维。

当企业把脑袋真的切换到消费者频道，将会发现很多意想不到的景象：

我们会猛然发现，消费者好像根本不在意我们天天煞费苦心推出的广告、活动、品牌自播、大促等各种各样的营销动作，他们日复一日地生活在自己的世界里，有自己的喜怒哀乐，坚持着自己的消费主张和生活方式，他们选择自己喜欢的品牌，对不同品牌有自己习惯的接触渠道和喜欢的接触方式。消费者对我们是麻木的，我们好像一直在自说自话。

我们会猛然发现，我们好像一直都在忙于追逐那些“时髦”的营销概念和营销手段，什么火，我们就做什么，直播带货、抖音营销等等，一波又一波，我们好像一开始就陷入了人云亦云的误区，一直被某些所谓流行的东西裹挟着，很少顾及消费者是怎么想的，企业的营销对他们有什么帮助，他们真的需要吗？

我们会突然发现，我们之前的营销动作是不是太多了，我们好像给消费者带来了太大的压力，消费者好像都怕我们了，开始躲着我们了，我们好像一直在过度营销，是不是该为品牌降噪了。我们真的应该深刻反思，应该如何发自内心地尊重消费者，好好地呵护消费者，真正地赋能消费者，不能再去“营销”他们、打扰他们了……

企业是时候该换换脑子了！该设身处地为消费者考虑了，该彻底转换成消费者思维了！

我们经常讲营销变革的话题，我认为，**营销变革的本质就是从企业的自我思维转变为消费者思维。**

这也是传统营销和新营销的分野。

传统营销的本质特征是企业自我思维。所有营销动作都是站在企业自身视角，想方设法“营销”消费者，其典型营销动作是“推”，推广、推销，推着消费者购买，其典型路径是，以企业为起点，生产产品，然后推广销售，获得销售收入后，再回到企业起点，开始新一轮的产品生产和销售。

新营销的本质特征是消费者思维。所有营销动作都以消费者为中心，其典型特征是“赋能”消费者，帮助消费者解决某一方面的问题，满足他们某一方面的需求，其典型营销路径是，以消费者需求为起点，通过产品交付为消费者创造价值，满足消费者需求，同时再继续以消费者为起点，发现和满足他们新的需求，以此循环往复。

在消费者思维下，对营销“4P”的理解也完全不同。

产品（Product）的重点不再是产品本身是什么样子，有什么特色和优势，更关键的是产品在消费者心智中应该是什么样子。产品不仅仅是产品本身，产品是消费者心智中的品牌。

价格（Price）的重点也不是产品成本的高低，而是消费者的感知价值和价格预期，是消费者认为值多少钱。价格变成了价值。

渠道（Place）的重点也不再是经销商、零售商，而是消费者购买是否便利。渠道变成了消费者获得产品的场景。

广告、推文等也不再是促销（Promotion）的手段，不是说产品有多好，而是要讲述消费者需要的品牌知识和技能。促销变成了赋能消费者。

消费者思维是企业的战略思维，是企业开展包括品牌营销在内的一切活动的最根本、最重要的底层思维。消费者思维也是提升品牌营销效益的根本前提和保证。

1.3 “无产品研究”

在与众多企业的接触过程中，我发现几乎所有的企业都会说“一切以消费者为中心”“满足消费者需求”这样的话。可对企业进行深度了解后，就会发现“消费者”往往只挂在他们的嘴巴上，他们的实际行动大多还是以企业为中心、以产品为中心的。

企业该如何把自己的脑袋真正切换到消费者频道，真正树立起消费者思维呢？“无产品研究”是一个很好的方法。

前面提到的三星电视机案例，就是一个“无产品研究”的成功案例。他们当时开启的这项新的研究，完全没有考虑三星产品，而是彻底从消费者角度出发，重新审视电视机到底是什么、消费者到底需要什么，最终挖掘出“电视机是一件家具”的深刻洞察。

现在市场上绝大多数的消费者洞察，都是从企业出发，带着对特定产品的原有认知甚至预设结论进行市场调研的。这种先入为主的研究方式，其实不是在做消费者研究，是在做产品研究，调研结果只能起到判断自己预先假设是否正确的作用，而这些预先假设大都是企业或者研究公司的想当然。这样势必不可能挖掘出消费者的真正想法，也不可能获得真正有价值的市场洞见。

真正的消费者洞察，需要做“无产品研究”。不怀揣对现有产品的任何看法，不夹杂任何先入为主的假设，对消费者进行不设边界的探索性研究，探寻消费者的真实见解和本质想法，然后去构建消费者真正需要的理想产品模型，然后回到企业内部和产品本身去实现它、满足它。

阿迪达斯曾经是专为运动员开发的品牌，聘请体育明星做品牌代言人，企业的营销逻辑和假设是，当大众看到自己的偶像穿着阿迪达斯时，就会跟风购买。但在此经营理念和模式下，公司发展一直没有实现大的突破。

后来企业决定启动“无产品研究”，把原来的问题“阿迪达斯如何卖得更好”，转变成“运动者究竟需要什么”。最终锁定阿迪达斯新的目标群体：“城市运动者”，他们热衷运动，但不会为自己贴上运动员的标签，他们参加体育锻炼不是为了去赢得什么比赛，而是追求一种更健康的生活方式，让自己活得更好。

“城市运动者”的产品需求也完全不同，他们希望运动产品既要性能卓越又要足够时尚。他们平时大多在城市街区人行道或公园跑步、骑行，或者去健身、做瑜伽等，他们追求在城市舞台上的时尚。当时，阿迪达斯根本拿不出任何符合这个消费群体需求的产品，尽管在这之后十年，这个群体成为体育用品市场最大的消费群体。

为此，阿迪达斯与英国著名服装设计师斯特拉·麦卡特尼（Stella McCartney）联手打造出都市运动系列装备。

为“城市运动者”提供产品，让阿迪达斯从一个仅为专业运动员提供产品的小众品牌转变为家喻户晓的大众品牌。阿迪达斯不再只关注传统的体育运动项目，而是涵盖了更宽泛的城市类体育活动。过去那句著名的广告语“一切皆有可能”（Impossible Is

Nothing），主要针对那些追求运动成绩的狂热运动爱好者，而如今这句老少咸宜的“全倾全力”（All In），则面向更广大的大众，激励每一个人参与体育锻炼。

我们再来看英国航空公司的案例。

英航准备修订其总裁会员俱乐部的奖励方案。他们没有按传统套路去询问会员是否需要更大力度的飞行里程累积奖励，或者在旅行中希望增加哪些服务等，而是完全跳出英航、跳出奖励方案，请这些会员畅谈他们的生活和家人，以及他们对商务出行的理解和期望。

通过进行“无产品研究”，英航发现，这些总裁会员并不在意飞行里程奖励和更多的机上服务，他们更看重声望和地位。他们说，他们喜欢坐着由航空公司指派的司机驾驶的奔驰车飞奔至机场的感觉，和戴着劳力士手表的感觉是一样的，他们还说：“您知道我们很忙，我们事业有成，我们把很多时间都花在办公室和飞来飞去上，我们很少顾及家人，如果真要奖励，就奖励我们的家庭吧！”

原来，尊贵感以及对家庭的心理补偿，才是这些总裁会员内心真正想要的东西。如果企业一开始怀揣着原有的那份奖励方案，可能永远找不到这样的答案。

最好的营销人员是这样一些人，他们很了解自己的产品，但他们会时时清空自己，不带着对产品的任何固有认知和假设，而是抱着一无所知的态度，时时回到消费者原点，探究消费者的本质需求和内心渴望，然后满足它们。这样的营销人员才是真正具有消费者思维的人。

1.4 消费者是生活者

正确地理解和认识今天的消费者，可以帮助我们真正转变为消费者思维。

“现代营销学之父”菲利普·科特勒先生在 2021 世界营销大会上提醒所有营销人永远不要忘记，用户是人，营销过程是“人与人在打交道”。

这句话听起来像是一句废话，但在实际营销过程中，又有多少营销人员真的把用户当作“人”呢？

大多数企业都把消费者视为一系列抽象的特征，给他们打上“标签”，用一堆数据来描述，然后推出各种营销动作，把消费者当作“稻草人”一样的目标进行轮番轰击，有的消费者中弹倒地，有的“侥幸”没被击中，最后企业再用一堆“转化率”等数据总结战果。

难怪企业普遍感觉营销效果越来越不明显，还是先看看自己是怎么对待消费者的，有没有真的把消费者当作“人”来看待。

不能再把消费者简单机械地看作产品的购买者和消费者了！消费者是“人”，是生活在现实生活中的一个个活生生的人，他们是鲜活的生命个体，他们就是我们自己，就是我们的父母、孩子和兄弟姐妹。

消费者不仅是消费者，也是生活者。

如果想具备真正的消费者思维，就要回归消费者的真实生活，沿着消费者的行为轨迹，在消费者的生活空间里，抓住和创造品牌与消费者的接触机会，搭建沟通场景。

只有真正回归消费者生活本身，才可以真正理解什么叫作“生意”。生意，就是生活的意义、生命的意义。

营销的本质不是推销产品，而是为消费者提供生活方案，具体来说，是为消费者提供更加美好生活的解决方案。品牌营销效益高低，根本取决于是否真正理解人们对美好生活的向往，是否真正能为消费者提供美好生活解决方案。

1.5 品牌与消费者是合作关系

今天，市场的天平已经倾斜，市场的主动权掌握在消费者手中。某项调查显示，86% 的消费者浏览网页时选择跳过广告，同时，用户对自己认为有价值的信息持欢迎态度，61% 的消费者愿意接受企业推送的优质内容。

在消费者购买决策和产品使用过程中，消费者需要了解有关企业和产品的某些信息，为自己提供帮助。只不过，他们对自己需要的这些信息具有主动选择权，他们愿意主动选择自己认为有价值的信息，不愿意被强迫接受。消费者的内心独白是“不要老跟着我，有需要我会主动找你”。

消费者本能地希望与品牌保持一定的安全距离，既不靠近，也不远离。

品牌与消费者本质上是一种合作关系。在消费者旅程中，品牌与消费者的每一次接触，都可以看作是一次合作机会，双方地位平等，各取所需，相互成就，合作共赢。

品牌与消费者的合作关系本质上是价值交换，这也是营销的底层逻辑。我们常说的“4P”，表面上是“营销 4P”，本质上是“消费者价值 4P”。产品（Product）是创造和呈现消费者价值的载体，价格（Price）是消费者感知价值的预期价格，渠道（Place）是消费者价值交付的场景，促销（Promotion）是消费者价值沟通。

在消费者心中，有一个净价值天平。天平的一端是消费者的感知总价值，另一端是感知总成本。感知总价值是消费者在产品购买决策和使用过程中感知到的全部价值，如获得了自己需要的品牌信息、与品牌接触过程中产生的情感满足和精神愉悦。感知总成本是消费者在产品购买决策和使用过程中感知到的全部成本，如消费者付出的货币成本、体力成本、时间成本和精力成本等。净价值是消费者的感知总价值减去感知总成本，消费者通过这个指标来判断值不值。

今天，数字化让品牌与消费者的接触更加多元和便捷，使得双方合作和价值交换能够自愿自发地发生。比如精准算法可以把用户需要的信息自动推送到消费者面前，帮助品牌无须投入太多“围攻”消费者的营销动作，而把主要的精力和资金花在如何与消费者进行有效的沟通对话、如何让消费者感知到品牌价值上。

品牌与消费者合作关系的最高境界是朋友关系。

品牌应该和消费者交朋友。如果能像对待朋友一样，真诚地对待消费者，想朋友之所想，急朋友之所急，那么消费者也会把品牌当作朋友，为你买账，为你鼓掌与欢呼，甚至为你“两肋插刀”。

这是我曾经在自己微信上写下的一段文字：

交朋友，重在真诚。不论朋友在不在身边，时时关注朋友的音讯，为朋友取得的一点点成绩而高兴，当朋友遇到困难的时候，总想着尽自己的一份力帮助他渡过难关。

突然想到，营销之道即朋友之道。企业一直苦苦追寻的“营销之道”“与消费者沟通之道”等等，不就是如何与朋友相处的那点道理、那点简单常识吗?

一是关注和关心。如对待朋友一样，品牌应该真心关注和感受消费者的需要，关心他们的成长和变化，因他们之忧而忧，因他们之乐而乐。

二是赋能和帮助。如对待朋友一样，品牌应该真诚地为消费者提供力所能及的帮助，为他们提供解决问题的知识、能力和积极的能量，帮助他们成长，让消费者成就更好的自己。

回到现实中，很多企业还是把消费者作为“营销”的对象，还在整天研究和部署如何“围追堵截”消费者、如何“种草拔草”、如何“收割”消费者等。长此以往，大把的费用花了，“朋友”也远矣！

1.6 给董事长的一封信：让消费者思维落地

一位企业董事长跟我说，企业一直倡导以消费者为中心的经营理念，很早就提出“消费者是营销的起点也是终点”，企业也一直很重视消费者调研，但感觉员工还是站在企业的角度想问题、做事情，没有把“以消费者为中心”落实到行动上。如何让员工彻底转变为消费者思维，是企业决策者面对的一个根本问题。

以下是我给这位董事长写的一封信：

> 企业战略从根本上讲是消费者战略，消费者思维是企业的战略思维。“一切以消费者为中心”，说起来容易，做起来其实很难，要真正做好，更是难上加难。这是目前大多数企业面临的普遍难题。
>
> 让消费者思维真正地落地，不是一次轻松的转变，而是一场艰难的转型，不是一个简单的动作，而是一项复杂的系统工程，需要从思想观念、业务、组织机制等多个层面综合施策。
>
> 一、在观念上，深刻理解“消费者思维”
>
> 很多营销问题，究其原因是概念理解不到位，甚至理解错了。目前很多营销人员把“以消费者为中心”理解为把消费者作为目标中心，瞄准消费者，围猎、说服、“围追堵截”消费者。这是完全错误的消费者思维，是典型的企业自我思维。
>
> 正确的“消费者思维”，不是想着如何向消费者推广自己的产品，而是真正了解消费者的需求，真心帮助消费者解决问题，在为消费者创造价值的过程中，实现产品交付和销售。
>
> 今天，市场的决策权完全掌握在消费者手中。只有发自内心地尊重、理解消费者，真正帮助、赋能他们，才有可能赢得

他们，达成最终的销售。

很多企业营销人员总觉得自己最懂消费者，其实他们往往是最不懂消费者的一群人。因为他们天天推销自己的产品，已经形成对消费者的固有认知和看法，无形之中戴上有色眼镜，带有先入为主的偏见，常常把自己的想当然误认为是消费者的想法，所以最容易误判、误解消费者。

二、在业务层面，让“消费者思维”落到实处

1. 进行“无产品研究”

消费者调研是企业一切工作的源头。现在我们企业每年都会做很多次的消费者调研，但这些项目都是围绕着对现有产品的假设做的，这其实不是消费者研究，而是产品研究。应该跳出现有产品，完全从消费者出发，做不设边界的探索性研究，挖掘消费者对这类产品的本质需求和内心真正的渴望，这样才能挖掘出有效的消费者洞察。应在企业大力推广这种“无产品研究”。

2. 不做营销做赋能，不做强推做助推，不做宣教做沟通

现在我们企业的营销动作太多了，“推”的味道太浓了，营销做得太重了。比如，我们企业的一些微信公众号文章、短视频等，尽管披上了一层内容的外衣，但里面还是植入了不少产品推广信息，本质上还是广告，用户看到最后，“图穷匕见”，用户大多会跳开，甚至产生反感。

通过内容来推广产品的这些手法，是传统的内容营销 1.0 阶段。内容营销 2.0 阶段的核心理念是，做内容不是为了推广

产品，而是为了获得用户。具体来说，是通过向消费者提供他们需要的内容信息，真正赢得用户的心，获得这些用户之后再转入下一步的用户运营环节，通过其他营销手段与消费者沟通，实现产品交易。

3. 少“推”多“拉”

营销有两种力量，“推”力和“拉”力，企业应大力减少“推”的项目，增加赋能消费者的“拉”的项目。一是进一步减少广告投入，进一步增加内容投入。企业已经成为全国知名品牌，现阶段的重点是创造更多新用户，以及加强现有客户关系。“广告”是“推”，主要解决信息告知问题，“内容”是“拉”，主要解决获得客户和维系客户关系问题。二是，减少产品推广活动，增加消费者体验项目。

4. 把决策权真正交给消费者

在营销决策会议上，建议请一些典型消费者进入我们的营销会议现场，听取他们的意见。比如一个创意设想、一支广告片的最后敲定等，消费者的意见具有决定性意义。

有些会议也许不方便消费者到场，但也应该留一把空椅子给他们，而且是会议最高决策者的那把座椅，我们企业高管在进行营销决策时一定要看看这把椅子，时刻提醒自己真正转换为消费者思维，再下最终的结论。

三、在组织管理层面，切实保障“消费者思维”落地

建议企业“营销中心”改名为“消费者中心”。

企业多年来设置营销中心，下设市场部、销售部等部门。

这种组织机构设置是传统营销思维的产物，本质上是企业站在自身角度推广产品，是企业“营销”消费者。

今天的“营销”概念已经发生了根本性的变化，消费者很难被“营销”。企业需要“赋能”消费者、“助推”消费者。企业的一切营销动作都应该围绕“消费者”展开，营销系统应该彻底转变为消费者运营系统。这种转变需要从改变部门名称开始。

其中，市场（Marketing）部门可改名为“消费者创造中心”。市场部门的职能应从市场推广转变为创造消费者。所有的市场推广动作，如广告传播、内容营销和各种推广活动等，都应该以与更多的消费者建立关系、创造更多消费者为目标导向。

销售（Sales）部门可改名为“消费者关系中心”。销售部门的职能应从销售转变为发展消费者关系。客户服务、重点客户管理、流失客户赢返等所有销售工作的本质都是深化消费者关系，在此基础上自然顺畅地实现销售转化。

营销系统的绩效管理体系也应随之调整。应围绕“创造消费者和发展消费者关系”进行目标管理和绩效考核。比如考核市场部门的指标，不是获得多少曝光以及品牌知名度和美誉度提高了多少等等，而是与多少消费者建立了有效关系，这一个实实在在的指标就足矣。考核销售部门的指标不仅仅是当期的销量和销售收入，还要增加消费者关系的评价，这一指标决定了产品下一年度以及未来的销售业绩。

需要特别明确的是，市场部门并不是花钱的部门。市场部门一样有明确的产出：建立有效品牌关系的消费者数量，这一产出虽然不是我们习以为常的销量、销售收入等，但同样是重要的“销售”数据，没有市场部门创造的消费者，哪来销售部门的销售变现呢。所以，市场部门其实同样承担着重大的“销售”任务，市场部门和销售部门一样，都是重要的赚钱部门，只不过在前后链路上承担不同的职责罢了。

多年来，传统的营销部门名称在一定程度上束缚了大家的思想。名称这么一改，“消费者思维”落地可能就容易多了。

第2章

投不投?

要不要投入？这是企业在开展品牌营销活动时首先要作出的战略决策。需要投的时候如果不投，就会失去商机，不需要投的时候如果投了，势必造成投入效率低下甚至无效投入。“投不投”，不仅考验决策者的魄力，更需要对营销的底层逻辑和规律有深刻的理解和准确的把握。

2.1 营销的作用是什么？

判断投还是不投，首先要清楚为什么要进行品牌营销投入？或者说品牌营销的目的是什么？回答这个问题，需要在底层逻辑上理解营销的作用是什么。

营销的作用从根本上体现在三个方面：激活销售、提升品牌和沉淀用户资产。

1. 激活销售

产品销售收入取决于两个方面，一个是“量”，即产品销量，另一个是“价”，即产品价格。可用公式简单表达为：销售收入 = 产品销量 × 产品价格。

一方面，营销通过影响产品销量来影响销售收入。销量取决于消费者数量、单人单次消费量和消费频次。比如可口可乐的所有营销投入永远都在解决两个问题，一是让更多的人喝，二是让每个人喝得更多。“让更多的人喝”，本质上是提高消费者数量，比如它们推出无糖可乐吸引对糖分比较敏感的人群，推出零度可乐吸引年轻消费者，使用昵称瓶等新包装并大做广告，目的都是扩大消费者数量。解决第二个问题“让每个人喝得更多”，本质上是提高每个人的消费量，比如推出大桶装、为成箱买的用户提供更优惠的价格等措施，都可以提高单人消费量。

另一方面，营销通过影响产品价格来影响销售收入。价格是一个敏感的市场因子。价格不是一个简单的企业视角的定价问题，而是消费者视角的概念。价格是消费者的感知价格，价格高低取决于消费者对品牌的感知价值。同样是一杯水，是桶装水，还是农夫山泉矿泉水，还是依云矿泉水，“水”本身可能差不了太多，但消费者的感知价值不一样，价格差异就会很大。

消费者与品牌的每一次接触，企业推出的每一个营销动作，都会影响消费者对品牌的感知价值，进而影响到消费者对产品的感知价格，消费者在心智中形成价格预期，然后再与品牌的感知成本进行比较，作出“值不值”的综合判断，最终影响消费者的购买决策。

营销对价格的影响还体现在产品价格敏感度上。一般来说，经常推出各种形式的降价促销，会提高消费者对产品价格的敏感度，一旦降价促销停止，销售很难上来，而广告可以在一定程度上降低消费者对产品价格的敏感度，使商家在调价时具有更大的弹性。这方面也将最终影响产品的销售收入和利润。

2. 提升品牌

消费者在与品牌的每一次接触过程中，都会对品牌作出评价，都会形成品牌印象，最终影响企业的品牌资产。

南极人多年前在中央电视台等媒体做广告，打出了品牌。近几年企业授权不同行业的企业使用“南极人”商标，一年品牌授权费达 13 亿，这些授权费本质上是企业多年前做广告积累的品牌资产变现的体现。

3. 沉淀用户资产

管理大师德鲁克曾经说过：“企业就是创造顾客。”顾客是企业的根本，用户资产是企业最重要的资产，用户力是品牌营销最根本、最重要的作用。

每一个接触点、每一个营销动作，都会影响消费者与品牌的关系，最终影响企业的用户资产是否增值。有些接触点擅长帮助品牌创建新的用户关系，发展新用户，比如抖音、快手、央视等大流量平台，可以快速触达大量人群，连接目标用户。有些接触点擅长强化用户关系，维系老用户，如微信、豆瓣、小红书、B 站等关系类触点，以及电话、书信、人员推销等一些“人工”营销方式，可以加强消费者与品牌的深度连接，提高用户黏性。

营销三个方面的作用只是一种理论划分，事实上，这三大作用不是孤立的，而是相辅相成、相互支撑的一个整体。如果拿一座冰山来作比喻的话，“激活销售”是露在海平面之上的部分，处在表层，呈现出销售量、销售收入等即刻直接结果；“提升品牌”处于海平面下冰山的中部，形成品牌成长发展的“腰部”支撑；“用户力”坐落在海底，是冰山的底座，奠定品牌成长发展的坚实根基。

从企业的整体视角看，营销具有多方面的作用，可以整体驱动企业发展。比如企业做广告了，当地政府和上级主管部门一般会认为这个企业应该具备一定的实力，应该有较大发展潜力，企业相对更容易获得政府及主管部门的关注和政策支持，如果企业已经成为知名品牌，能够代表地方形象，就会有可能进一步获得当地政府的支持。同时，企业员工的自豪感、工作激情以及自我要求也会提高。企业在与产品原材料供应商、技术供应商合作谈判时会拥有更大的主动权，在企业资源整合、融资、投资、股市表现等方面，也会拥有更高的抗风险能力和更大的周旋空间。可以看出，这些作用都是以营销在销售、品牌和用户资产三个方面的作用为根基的。

清楚了营销有哪些方面的作用，就可以结合品牌发展现状及其他因素判断要不要进行营销投入，同时也为衡量营销效果建立了理论框架。

2.2 谁最终决定投不投?

影响品牌营销投入的因素很多，有企业内部的，也有企业外部的。这些因素大致可分为三大层面，一是行业层面，包括行业属性、发展趋势，以及竞争品牌情况等，二是企业层面，包括企业发展战略、资金实力，以及品牌战略和品牌发展阶段等，三是消费者层面，主要指消费者对该品牌的购买潜力等。

这些因素都非常重要，到底哪一种因素最终决定了品牌要不要投入呢？

在“广告主研究”课堂上，我给同学们播放了当年中央电视台广告招标的现场录像，视频展示的是招标现场最火爆的《新闻联播》报时广告第一时间单元（一二月份）的竞标实况。一二月份有元旦和春节，是白酒的销售旺季，多家白酒企业参与竞标，竞争激烈，最后剩下茅台和五粮液两家，经过 174 个回合的较量，茅台最终以 1.35 亿元中标。

从招标现场看，竞争品牌对企业出价影响很大，甚至是决定性的，但事实上，投标企业进入招标现场前都已经拟定了自己的最高出价金额，这个金额是企业充分考虑了自身第二年的营销规划、资金实力等因素，对第二年消费者的预期购买潜力和产品销量进行了认真分析和预判，根据这些预测最终算出可承担的最高投标额。

品牌营销投入从表面上看是竞争者决定的，其实还是企业基于自身状况作出的决策，而最终的决策者也不是企业，而是消费者。

根据经典的 3C 模型进行分析，企业（Company）是内因，竞争者（Competitor）是外因，消费者（Customer）是根本动因。企业的任何一项决策，都要基于企业自身情况，充分考虑市场竞争状况，最终由消费者来决定。

在现实实践中，常常可以看到两种极端情况：一是企业过度考虑自身因素，不考虑消费者的购买潜力，也不关注竞争对手的动向，往往凭自身过往经验来判断要不要投入；二是企业过度关注竞争对手，被竞争对手牵着走，竞争对手投，自己就投，竞争对手多投也跟着多投，竞争对手少投就跟着少投。这两个误区的本质都是没有把消费者作为最终的决策者。

2.3 品牌投入如同大型客机飞行

有人把品牌投资比作大型客机飞行：大型喷气式客机在起飞和降落阶段要消耗 80% 的燃料，平稳飞行阶段消耗的燃料相对少很多。一旦缺少燃料，凭惯性可短时间飞行，但很快会迅速下降。要想拉升到原有高度，需要重新起飞，将消耗更多燃料。

品牌营销投入也大致如此。品牌创建之初，需要进行大量的投入，以尽快把销售规模和品牌力拉升到一定高度。一段时间后，进入稳定发展阶段，不需要投入太多，但不能停止投入，因为一旦停止，短期内能维持一定的销量和品牌力，但时间一长，将很快坠落，要想获得原有市场份额，需要投入双倍甚至几倍的费用，还可能因错过市场时机而永远达不到原有高度。

在品牌营销过程中，营销投入一般是分期分次的，每一期的投入甚至每一分钱的投入在不同阶段产生的收益是不一样的，这涉及微观经济学中的一个重要概念：边际收益。

西方经济学者在研究商品效用时，总结出商品消费的边际收益规律，即随着商品消费数量的增加，总收益也随之增加，但每增加一个单位的商品消费所带来的边际收益是递减的。

品牌营销投入也大致遵循这一规律。随着营销投入增加、消费者与品牌的接触增多，产品销量、品牌影响力和用户力等营销收益不断提高，但每投入一分钱带来的增量的边际收益在不断递减，当营销投入达到某一规模时，营销收益达到最大，边际收益为零，之后，再增加投入，营销收益下降。

通过分析可以看出，品牌营销投入与收益关系整体上呈现“逐渐启动—急速上升—高点稳定—逐渐下滑”的曲线。相同单位的资金，在不同投资规模下，产生不同的收益规模和投资效益。企业需根据营销目标、市场竞争和自身实力等因素，确定适合的投入规模和时机。

2.4 什么时候需要投入?

营销本质上是一种规模化市场扩张工具。简单来说，当企业寻求市场扩张时，一般都需要做营销。寻求扩张，不断做大做强，是企业的普遍追求，所以营销是企业的常态行为。

有些时候，企业需要特别加强营销投入。

1. 新产品上市

新产品推向市场，需要让消费者知道新产品的特点和优势，需要刺激消费者前来体验和购买，这个时候往往需要进行集中投入。如苹果每次发布新手机型号，都是一场营销战役。类似情况还有新车上市等等。

2. 新市场拓展

当产品进入一个新市场的时候，往往要进行营销投入。比如，本来产品在某个城市销售，现在要扩展到全省其他城市甚至其他省份，这就需要进行全省市场的产品铺货和营销活动，比如使用省级媒体进行全省区域的品牌传播等。

3. 品牌焕新

企业推出新的品牌形象和品牌理念时，如新的品牌标识、新的品牌口号，以及新的产品包装等，往往需要启动一波营销活动，让消费者和社会大众产生新的品牌认知。

4. 促销节点

比如，元旦、春节对很多品牌来说，都是一个非常重要的营销时机。迎接新年，人们怀揣着对新一年的美好憧憬，消费需求和购买激情空前旺盛，往往要购置一些新的物品，如买身新衣服、买件新电器，还有买些礼品送给亲朋好友等等。这个时候消费者的支付能力也相对较强，可能攒了一年的钱或者发年终奖了，想着此时不花何时花。这都为产品销售创造了有利条件，需要加大营销投入，尽最大可能激发消费者的购买潜力。

还有一个传统的消费旺季是“金九银十”。九十月也是一个相对的消费高峰，值得做一些重点投入。当然，“五一”、“十一”、中秋节、重阳节、儿童节、教师节等节日，对某些品类来说，也是重要的销售时机。

近些年兴起的“618”“双 11”等，已经成为消费者集中购物的重要时间节点，当然也成为广大企业营销的重要时刻，同样值得重点投入。

5. 融资上市

分众楼宇媒体有一类广告客户是准备上市的公司。这类企业需要投入一定的宣传费用，在上市前提高知名度和影响力，以向社会募集资金。

2.5 谨防过度营销

现在不少企业一边叫苦连天，喊着营销预算不够，一边却在过度营销，浪费大量预算。

某快消品牌推出一款高端产品，按照某国际咨询公司提出的用户营销八大措施，要求全国各区域公司全面实施，包括微信社群打卡、扫码营销、举办各种社区活动、推出各种促销政策，还有家庭营销、节庆营销等等，能想到、能用上的营销手段全上，全方位“围追堵截”消费者。

营销动作太多了，这是典型的过度营销！

今天的消费者是主权消费者，可以想象，消费者哪能招架得了！过多的营销动作往往会适得其反，让消费者厌烦、反感，甚至远离、躲避。

这种情况与医疗界的过度治疗非常相似。医术一般的医生往往开很多种药，药量也大，而高明的医生往往只开几种药，药量不大，但恰到好处、药到病除。为什么医术一般的医生开的药比较多？根本原因是没有看透毛病，没有找到真正的病根，也不清楚哪种药最擅长治哪种病，自然就不知道到底开哪种药最有效，只能寄希望于用多种药和大药量来提高治疗的成功率。

营销动作过多，不能“对症下药”，必然导致投入效益不高。这是过度营销的第一种状况。

第二种状况是，让某一项营销项目背负了太多任务，做得太重。

一家规模较大的健康企业组织了《健康大讲堂》讲座。企业对营销人员制定了明确的项目考核指标，包括活动参与人数、拉新人数、销售转化金额等。在这样的目标导向下，营销人员想尽一切办法迫不及待推销产品，这些潜在消费者本来想过来安心学点健康知识，结果被扰得不胜其烦。

《健康大讲堂》是科普知识活动，消费者参与是为了获得有价值的健康养生知识。此类营销动作应属于内容营销的一部分，不应该把“销售转化”作为营销目标，而应该以“获得用户”为目标，让来参加活动的听众真正感到来有所获，认可这个品牌，认可这个企业，在赢得这些潜在消费者的心、真正获得这些用户以后，再通过其他营销方式促成转化。

一个媒体或一个项目背负太多的营销职责，希望达成太多的营销目标，往往会过犹不及，最终很难达到理想的营销效果。特别是不能指望任何营销项目都能实现销售转化、都能卖货，这是不切实际的营销想象。

还有一种过度营销的状况是，对个别营销项目过度依赖。

某知名食用油品牌近几年品牌老化问题严重，企业希望吸引更多新的消费群体来进一步激活品牌。多年来企业的大多数媒体预算都投在某电视媒体上，其他媒体很少。这可能就是问题的症结所在，长期只投放电视媒体，只能反复触达和影响那些看电视的人群（而且看电视的人越来越少），这些人对品牌会越来越麻木，广告效果会越来越不明显，投入效益自然越来越低。

企业需要尽快作出调整，在该电视媒体上只需保持适度的投放，进行经常性的品牌提醒足矣，而要把节省的大量预算投在目标人群可能接触的其他媒体渠道上，以触达更加多元的潜在人群。

这本质上是经济学中的报酬递减规律。饿的时候吃第一口感觉很美味，再吃几口可能就没那么美味了，吃到最后就不想吃了。企业的营销花费也是一样，在一个特定项目上每一笔投入的效用是不断递减的。所以企业在营销过程中不能过度依赖一个或几个项目，适度多元化往往效益更高。

避免过度营销，本质上需要深刻理解不同媒体、不同营销方式的能力特长和边界。比如广告擅长“广而告之”，快速广泛触达人群；内容营销擅长触动用户、“获得用户”；活动营销擅长增强“用户体验”；会员营销的职责主要是发展和强化用户关系，争取获得用户的终生价值；而销售人员、直播带货以及各种促销措施的天然职责就是触发消费者行动，就是“卖货”。

营销是品牌与消费者的多触点沟通系统。企业应基于品牌现阶段需要解决的关键问题，根据不同营销项目的核心职责，选择与消费者最有效的多元沟通方式。事实上，每个品牌都可以建立专属的高效的营销组合和协同模式。

2.6 经济不景气，还投吗?

近几年全球经济普遍不景气，大多数企业减少了营销预算。但我们也看到，全世界最大的几个广告主如宝洁、欧莱雅和联合利华等，都在大幅增加广告预算，而且都取得了明显的销量增长。宝洁2023年第二季度广告支出增加4.53亿美元，销售增长8%，超出华尔街预期。欧莱雅2023年上半年广告支出占销售额的比例增长了1%，销售增长13%。联合利华2023年上半年广告支出增长10%，销售增长接近8%。

经济不景气，还要继续投吗，是减少投入还是逆势增加？这是很多企业普遍疑惑的问题。

首先从理论上讲，无论是在经济增长还是经济下滑的时候，企业一般都不能轻易停止或削减营销投资。停止投资会出现销售下滑，市场份额下降。

WARC（世界广告研究中心）提供的一项针对酒精饮料品牌的研究数据显示，在停止媒体广告投放后，产品销售额会下降，停止广告投放后的第一年，销售额平均下降16%，停止两年后降幅进一步扩大到25%，三年后下降36%。研究还显示，对于较小的品牌和已经有下降趋势的品牌而言，停止广告投放造成的销售下降速度通常更快。成熟型品牌短期内一般不会下降，但维持一段时间后也开始下降，但几乎所有较小的成长型品牌都会在停止广告后立即开始衰退。

更为关键的是，衰减一旦开始，往往很难逆转。即便恢复营销投入，市场份额仍会受到影响。营销效果是不断累积的结果，需要持续投入。

确保品牌长期增长的最佳方式则是维持一定的营销水平。在经济不景气期间，保持或增加营销投入不仅能促进投资回报率长期增长，也往往更容易帮助品牌逆流向上。

基于 1 000 家企业在以往经济衰退期间的数据，Malik PIMS 对复苏头两年的投资回报率和市场份额变化进行评估，结果显示那些在经济衰退时期大幅增加广告投入的企业在短期内投资回报率可能会下降，但从长期来看，企业会收获更高的销量、市场份额和利润，而在经济衰退时期削减广告投入的品牌则很难重新实现增长。

商业数据咨询公司勘讯（Analytic Partners）的营销智库 ROI Genome 项目研究发现，在经济衰退时期增加或保持广告投入的品牌，销量平均增加了 17%，而削减广告投入的品牌，其销量平均减少了 18%。另一项研究数据显示，同类别中规模相似的竞争对手将营销支出增加一倍，可能会导致自身品牌平均损失 15% 的业务。

事实上，宝洁、联合利华、可口可乐、阿迪达斯等国际大品牌，无论在任何时期，广告都没有停过。

经济不景气时期，还可能蕴藏着更经济的营销投资机会。因为这个时期企业对媒体资源的争夺会减少，广告媒体的成本往往会下降。在此期间维持同等投入，相较以往可以购买到更多的广告，相对更便宜、更高效，应该是一个最好的营销投资机会。韩国三星企业的一个经营策略是，遇到经济大环境不好的时候，往往会反向加大品牌投入，以期抓住这个机会快速拉开与竞争对手的差距。

不要浪费任何一次危机。《广告时代》评选的20世纪最成功的100个广告案例中，1945年之后开展的25个项目全都是在经济衰退期间采取的扩张措施。

历史上最具成效的广告宣传也大都是在困难时期启动的。1974年宝马汽车推出全新定位——“最棒的座驾”，这一价值主张一举扭转了宝马在当时美国市场一直销售平平的被动局面，而且一直沿用至今。

2.7 历史经验：美国大萧条时期的广告营销

1929年美国经济危机爆发。在之后漫长而黑暗的20世纪30年代，美国人民的生活方式发生了很大变化。企业营销也从内容到形式都发生了重大变化。

1. 围绕价格诉求与恐惧诉求

广告公司发现强调价格优势和使用恐惧诉求最为有效。一些广告采用貌似打折的方式，用笔划掉原来的价格，告诉消费者购买等于省了多少钱。商家也利用人们普遍希望“不花钱占便宜”的心理，到处进行抽奖、竞猜、送赠品、买赠、广告促销。

大萧条时代，失业以及其他挫折随时都有可能降临，民众普遍缺乏安全感。广告商们充分利用这种心理，开始从负疚、恐惧、羞愧、谴责等种种负面情感角度来做广告。一直到现在，利诱和恐吓也是商业广告的两大招数。

2. 创造新的广告手法

图 2-1　格切尔策划的一则广告

J. 斯特林・格切尔在大萧条时期成了轰动一时的广告人物。

在格切尔策划的一则广告（见图 2-1）中，沃尔特・克莱斯勒俯身靠近一辆普利茅斯车的发动机，眼睛直视读者，海报用黑体大字印着“Look at ‘All Three’”（货比三家），下面的文案则从技术上解释为什么这种车优于未指明的竞争对手（大众、福特）。这条广告开创了“比较广告”的先河，立即引起了人们的广泛注意。

格切尔还发展完善了独特的新闻照片报道风格，可称为最早的广告新闻化。格切尔像所有的文案撰稿人一样参观生产设备、研究产品、发现其独特之处，然后写成类似新闻稿的形式。他的广告采用小报的形式排版、标题令人耳目一新、照片栩栩如生、引人注目，无论是汽车广告还是乐芝饼干广告，这种形式上的创新，都非常吸引读者注意力。

3. 营销创意科学化

大萧条时期，过去五彩缤纷、极具魅力的广告逐渐被硕大字号的标题和充满着伪科学的虚假论证的文章所替代。

这时，扬·罗比凯公司（Y&R）在危言耸听的广告泛滥之时反其道而行之，营业额扶摇直上。扬·罗比凯公司提倡科学方法，他们聘请西北大学的教授乔治·盖洛普（George Gallup）把科学研究作为开发创意的一个组成部分。

盖洛普提倡调查分析广告阅读情况，在撰写之前，要和消费者交谈——这在当时的广告制作中是革命性的做法。比如，盖洛普通过研究发现，读者希望冗长的文案能被分割成一些小的段落，喜欢看到斜体、黑体和大标题下的子标题。再如，盖洛普还发现，连环画非常受读者欢迎，因此广告公司纷纷在报纸的漫画版上做广告。

此后，广告公司纷纷开始采用动机心理、实现跟踪法、店面访谈、试点区域研究等方法进行调查研究。

扬·罗比凯开创并完善的两个系统对日后现代广告公司的运作产生了举足轻重的影响：第一，把美术指导拉了进来，让他们和文案一起组建团队。通过文案和美术指导之间的沟通，让文本与视觉进行了互动。第二，设计出现在仍广为使用的广告策划方案模板“Y&R 创意工作计划”，这是一个指导如何有序地收集必要信息、提取关键事实、归纳“广告必须解决的问题”的系统。

4. 广播广告崛起

由于无事可做，大家有了更多的时间。20 世纪 30—40 年代成了广播的黄金时期，广告公司提供的有广告赞助的广播节目，成为当时最有效的一种广告载体。

1932 年起，芝加哥的布莱克－桑普尔－赫墨特广告公司（the Blackett-Sample-Hummert agency）开始制作肥皂剧。这是一种专门为家庭妇女制作、连续播出很长时间、情节围绕家庭问题而展开的通俗广播剧。很快广播剧的观众扩展到家庭主妇以外的人群，出现了给孩子们听的探险系列。1938 年，广播第一次超过杂志成为广告业收入的第一大来源。

第 3 章

投哪个产品?

3.1 宝洁危机反转

20世纪90年代末，宝洁公司曾经因为采取激进的改革措施经历过一段低谷，当时股价从每股118美元直线跌落至52美元，市值直接蒸发700亿美元。

2000年雷富礼出任宝洁公司首席执行官，2001年他推出新的经营战略：立足根本，聚焦核心业务，打造核心品牌，稳定主要市场。新战略核心是聚焦，雷富礼说："我们的第一选择是做自己擅长的事，以前我们从核心业务向新业务输血，谋求更高的增长，我说这样不行，我们要把我们擅长的事情做好。"具体措施如下：

一是品类聚焦。

宝洁决定把主要精力和营销预算集中投到增长快、利润高的美容、健康保健和个人护理三大类产品。这几个品类随后都获得快速增长，其中个人护理类产品销售收入由2001年的100亿美元快速增长至2004年的170亿美元。

二是品牌聚焦。

宝洁决定集中精力扶持年销售额10亿美元以上的核心品牌，进一步聚焦几个大单品。

玉兰油（Olay）是宝洁公司进入皮肤护理市场的主打品牌。从2001年开始的五年中，宝洁加大投入，研制出多效修复系列，许诺可以抵御七种岁月痕迹。这五年的产品销量比之前50年还要多。

还有洗衣粉品牌汰渍（Tide）。汰渍在美国市场占据洗衣粉品类头把交椅长达50年，宝洁同时又发展了新品牌格尼（Gain），2003年格尼成为美国最受欢迎的第二大洗衣粉品牌，最终形成了大单品产品线，有效阻挡了竞争品牌进入洗衣粉市场，大大提高了产品的市场抵御能力。

三是市场聚焦。

宝洁决定在市场覆盖的160个国家中挑选16个重点国家市场进行重点投入，这些数量占比10%的国家，贡献了80%的销售额。同时挑选中国、巴西、俄罗斯、印度和墨西哥等17个发展中国家作为重点新兴市场加大投入，三年后，中国、俄罗斯的销售额都增长了一倍多。

宝洁在公司利润警报五年之后，通过聚焦战略，聚焦核心品类、核心品牌、重点市场，实现业绩反转，公司业绩再次全面增长。

3.2 聚焦战略

不少企业都有多个品牌、多个产品线、多个产品品种，有的还横跨不同行业品类，而营销预算有限，怎么办？答案是聚焦。

巴菲特是世界上最成功的投资人之一，被誉为“股神”。巴菲特的投资经验被他自己称为“集中投资”策略，就是把大量的赌注押在那些成功概率极高的事件上。他说，事实上只有 10% 的股票基金能够取得市场平均值以上的成绩。他认为很多投资者都分散了资金，这些投资者陷入了一个思维陷阱，他们始终坚信只有分散投资才能把风险降到最低，巴菲特说：“只有当投资人不清楚自己正在做什么的时候，才会采用高度分散的投资方式。”

营销投资其实一样需要集中，集中到少数几个能够带来最大收益的品牌上。大面积撒网，往往会广种薄收。

从物理学上讲，将力量集中在一个点，如锥子，受力面积越小，穿透力越强。企业营销也是一样，做点不做面，打造最尖锐的“锥子”，集中资源，单点发力，更容易获得最大盈利能力。

从国际大品牌的经验看，企业营销需要将资源和精力集中在核心品牌、核心产品上。宝洁聚焦首款成功产品象牙皂 40 多年，直到 1926 年才推出第二个产品卡玫尔皂（Camay），又过了 20 年，才推出全美第一个洗衣粉品牌“汰渍”。可口可乐在最初的 50 多年里始终聚焦于可乐产品，直到 20 世纪 50 年代才推出第二个品牌“芬达”。

向市场推出过多产品、过多品牌，想通吃消费者所有需求，很容易导致“战略骑墙”的尴尬境地，难以获得理想的营销效果。

如同商品摆在商场货架上，在消费者心智中也有一个品牌货架。消费者心智货架容纳不了太多品牌，每个品类只有一个或少数几个品牌能够真正进入和占领消费者心智，比如我们想买瓶矿泉水喝，可能马上会想到农夫山泉、娃哈哈等少数几个品牌，我们想买冰箱，可能会想到海尔、美的等几个牌子。企业拿太多的品牌和产品做营销，往往会造成消费者认知混乱，同时每个新品牌进入消费者心智，都是一次重新格式化的过程，都会对企业的原有品牌进行认知重构和重新定位，这本身就是一种品牌稀释。

还有，如果同个企业的多款产品差异不大、消费人群重叠，往往会带来消费者的替代性选择，从而产生“内耗”。可以说，企业推出的产品越多，越难形成正向协同效应，越难实现单一产品的销售最大化。

另外，在企业层面，推出品牌和产品过多，营销成本会加大，同时管理难度也会加大，如在品牌传播上保持一致性、进行价格统一管理、避免渠道串货现象等。

企业应从整体发展和管理体系考虑，集中有限资源，聚焦某一款产品或尽可能少的几款产品，保证核心品牌和核心产品的投入，而不是营销所有产品，这样才有可能获得最大的整体盈利能力。

具体来说，企业营销投入要聚焦核心品类、核心品牌和核心产品。

一是品类聚焦，专注核心品类。

北美地区一家汽车租赁公司通过市场研究，将重点放在短期租赁和换车租赁两项业务上，而不是试图占领全部业务市场。由于专注细分市场加上强烈的服务意识，公司可以收取更高费用，最终超过更为出名的竞争对手赫兹公司（Hertz）和阿维丝公司（Avis）。

二是品牌聚焦，专注核心品牌。

“主品牌+副品牌”联合是一种有效策略，可以形成主品牌带动副品牌、副品牌反哺主品牌的联动效应。

雷克萨斯是丰田的高端品牌，拥有独特品质，主要吸引更多的精英人群。雷克萨斯的广告在无形当中帮助了主要品牌丰田，使得丰田在雷克萨斯品牌的光环效应中获益，因为人们知道两个品牌都属于同一家企业，都有相同的技术，理应具有相同的品质。而丰田面对的人群更加广泛，品牌知名度很高，这也为高端品牌雷克萨斯提供了潜在客户和品牌认知基础。

三是产品聚焦，专注大单品。

奥地利红牛自 1987 年成立以来，只有一种规格、一种口味、只强调一种功效（提神醒脑和补充体力）。红牛的英国区主管哈里·德尼在《营销周刊》杂志上说："我们很专注，我们没有樱桃口味和柠檬口味，也不会有 500 毫升和 300 毫升的大包装。我们只有一种功能性的饮料，它不像其他的饮品那么美味，但它的确有效。我们为之努力营销。"

聚焦为红牛带来了巨额回报。红牛产品遍布 50 多个国家，占据 70% 以上市场份额，销售收入一直保持两位数以上的增长，红牛成为功能性饮料市场当之无愧的领导品牌。百事可乐、可口可乐等都曾尝试推出功能性饮料，但都收效甚微。

3.3 投企业品牌还是产品品牌?

企业品牌是"母"，产品品牌是"子"。打造企业品牌，建立企业声誉，可以赋能产品品牌；打造产品品牌，提高产品影响力，也可以反哺企业品牌。企业品牌和产品品牌相辅相成，相互赋能，互动成长。

企业需要同时关注企业品牌和产品品牌，企业品牌和产品品牌都值得投入。

大多数企业往往比较重视产品品牌，投入也较大，而对于企业品牌的专业运作和投入往往相对较少。其实在消费者心智中，产品品牌和企业品牌是密切关联的，消费者一般会认为，一个有实力、值得信任的企业推出的产品应该更有品质保证，更愿意尝试购买，这将大大缩短消费者的产品购买决策路径，同时也在一定程度上降低了打造产品品牌的投入成本。

打造企业品牌可以同时惠及企业的所有产品线和产品品牌。特别是当企业推出一个新产品时，借助有影响的企业品牌，可以把消费者对产品品牌的认知起点提高到一个比较高的层次上，从而获得市场先机。

企业品牌可以看作是产品品牌的“影子担保”。企业品牌是产品品牌的担保人，为产品品牌提供形象担保和信任担保，为产品品牌的发展保驾护航。

产品品牌依附于企业品牌，但不能完全依靠企业品牌。产品品牌是相对独立的，在企业品牌的辉映下，自我驱动、自主成长，通过建立强大的市场影响力和品牌力，可以进一步反哺企业品牌，让母品牌更加熠熠生辉。

市场上有一种非常普遍的情况，就是企业品牌和产品品牌是同一个品牌。有人认为，两个品牌都一样，直接打造就行了，其实远没有那么简单。

在企业发展初期，直接拿企业品牌作为产品品牌使用，的确是一种成本低、效益高的做法，但随着企业发展，如果产品扩张到其他细分品类，同一品牌反而成了一种制约。

九阳就是一个典型案例。九阳是做豆浆机起家的，多年前就已经做到了豆浆机行业第一，市场份额遥遥领先。近些年，企业为实现更大发展，产品线逐步从豆浆机延伸到其他厨房小家电，现在已经形成六大产品线，分别为料理生活（破壁机、豆浆机等）、中式生活（电饭煲等）、西式生活（空气炸锅等）、水家电生活（净水器等）、炊具生活（炒锅等）、清洁生活（洗地机等）。

现实情况是，消费者提到九阳，一般都会想到九阳豆浆机，不太会联想到九阳其他厨房家电产品上。消费者对九阳品牌的认知还停留在九阳豆浆机上，九阳品牌已经被单一产品品类绑定，所以目前九阳作为企业品牌的这部分属性还不能充分赋能到各个产品线和产品品牌。

如何在消费者的心智中把九阳品牌从豆浆机“产品品牌”转变成“厨房小家电品类品牌”，这是九阳提升品牌营销效益的首要问题和关键问题。这本质上是九阳品牌的重新定位问题，是要在消费者心智中把九阳品牌重新定位成厨房小家电领导品牌。

解决这一问题，需要找到两根导线，一根是从九阳豆浆机到九阳厨房小家电产品延伸的“物理导线”，即九阳豆浆机产品的什么核心优势可以延伸成为九阳所有厨房小家电产品的共同优势，另一根是“心智导线”，即用什么概念可以把消费者心智中对九阳豆浆机领导品牌的认知自然移植到九阳厨房小家电领导品牌上。通过两根导线的自然勾连，让消费者认为九阳企业生产的所有产品都具有九阳豆浆机一样的产品品质，都是厨房小家电各个细分领域的领导品牌。

我们来看小米是怎么做的。

小米从2011年进军手机市场，2013年发布小米电视，2014年发布小米路由器mini，进军智能家庭网络中枢，到2016年启用米家（MIJIA）品牌，发布首款米家压力IH电饭煲，专注智能家庭和提升用户生活，一直到2022年小米宣布全面构建“小米科技生态”，以人为中心，紧密连接人和万物。分析小米的产品历程可以看出，小米从智能手机，到智能电视、米家家电、小米生态，连接小米企业品牌和旗下所有产品品牌的物理导线是“小米家庭物联网智能系统”，心智导线是“为消费者创造更加美好的智能生活”。

3.4 重点投入哪些产品？

劲酒是中国保健酒第一品牌，产品主要分为两大系列，一类是“泛功能”保健酒产品系列，主要指具有免疫调节、抗疲劳等“泛功能”的保健酒产品，如红标劲酒、金标劲酒、蓝标劲酒等，另一类是具有“特定功效”的保健酒产品，如助眠的金眠酒，对风湿有益的追风酒，针对女性消费者的韵酒，以及长寿酒等。

长期以来，企业的主打品一直是125毫升的小瓶红标劲酒，其销量也占绝对大头。前些年企业推出金标劲酒，定位相对高端，价格比红标劲酒高出两三倍。企业为推动产品升级，营销重心转为主打金标劲酒，用金标冠名赞助 CCTV 主持人大赛，产品品鉴活动也改为主要使用金标。之后的两年多时间里，金标劲酒投入大量的营销费用，没有取得预期效果，同时红标劲酒也出现增长乏力的情况。企业最终停止对金标劲酒的大量投入，重新恢复主推红标劲酒。

劲酒系列有这么多产品，到底应该重点投入哪些产品呢？

首先要看企业的发展战略和产品战略。劲酒作为保健酒行业的绝对领导者，有能力建立保健酒市场“全覆盖”战略，即以“全能冠军”红标大单品领衔的劲酒“泛功能”保健酒产品，以及金眠酒等多个“单打冠军”组成的劲酒“特定功能”保健酒产品，形成全面满足消费者保健酒需求的产品矩阵，实现消费者对保健酒产品的各取所需，以获得品类垄断，实现最大化收益。

基于上述战略，现阶段营销投入应以红标劲酒为主，金标、金眠酒等为辅。具体如下：

一是对红标劲酒保持持续稳定投入。

红标劲酒是企业大单品。大单品需要保证足够的资源和投入，同时需要产品力和营销力的持续创新，以保持品牌活力，持续引领品类发展。

二是对金标劲酒战略性投入。

金标劲酒是战略性产品，战略性产品需要战略性投入。第一，金标劲酒的高端形象和高品质“光环”可整体拉升劲酒产品线，惠及劲酒系列所有产品。第二，金标劲酒的相对高价会产生一定的价格锚定作用，消费者往往会选择价格更低、性价比更高的红标劲酒，这在客观上保护了甚至一定程度上促进了红标劲酒的销售。第三，金标在探索产品升级、品牌高端化方面具有战略意义，金标激发了产品的市场想象，企业是否有可能开发一个更高端的“轻保健”产品，打造第二大单品，金标在这方面具有探索意义。

三是对金眠酒逐步加大投入。

“特定功能”保健酒产品是企业未来重要增长极。金眠酒虽然现在销量不大，但具有成为睡眠市场领导品牌的巨大潜力，有望被打造成“特定功效”产品线的第一个“单项冠军”，为其他“特定功能”保健酒产品做示范、树榜样，需要重点培育，持续加大投入。

另外，近几年企业推出面向更高端市场的养生一号新产品，建议战略性适度投入。

对大多数企业来说，一般应对以下几类产品进行重点投入。

1. 大单品

中国人民大学有家餐厅有一道菜，叫作“紫砂烤梨”，味道可口，来这儿吃饭的师生几乎每人都会点一份。这道菜就是这家餐厅的大单品。所以这家餐厅的外墙上张贴着这道菜的巨幅照片，吸引过往的师生进来品尝。

每家企业大都有自己的大单品。“红标劲酒”是劲酒企业的大单品，“飞天茅台”是茅台酒厂的大单品，康师傅“红烧牛肉面”是中国台湾顶新集团的大单品，“安慕希”是伊利集团的大单品等等。

大单品是企业销量最大、也是最重要的产品。一般来说，大单品需要大投入，而且是持续的大投入。

2. 新产品

新产品刚刚面市，一般需要广而告之，需要市场推广，所以也往往需要较大的营销投入。

一些成熟企业不断推出新产品，来推动企业业绩不断走高。比如益海嘉里是一个多品牌的企业，主打品是金龙鱼食用油，后来又推出胡姬花花生油、欧丽薇兰橄榄油，近几年又首家推出谷维多稻米油、六步鲜大米等，这些新产品问世后，企业在央视等媒体进行了大量广告投入。

3. “未来之星”

特仑苏是蒙牛集团的一款战略产品。产品推出二十多年以来，企业对这一“未来之星”持续加大营销投入，最终特仑苏成为蒙牛大单品。特仑苏不仅为企业带来最大利润，还推动蒙牛品牌整体升级，带动整个产品系列。

4. 引流产品

中国人民大学中区食堂有一个早餐窗口总是排着长队，窗口的牌子上写着“油条4毛钱一根，每人仅限购买两根”。油条边炸边卖，香脆美味。很多师生都是冲着这份油条才来这个食堂就餐的。油条堪称这个食堂的引流产品。

能引流，就值得投入。

5. 竞争性产品

在多品牌竞争的品类市场，产品是竞争性产品，需要充分考虑竞争对手的营销策略和投入水平，作出竞争性应对，有时是为了进攻，压制竞争对手，有时是为了防御，建立竞争壁垒。

宝洁汰渍洗衣粉进入中国市场时，纳爱斯生产的雕牌洗衣皂是行业第一。雕牌推出经典广告“妈妈，我能帮您干活了”，触动了无数妈妈的心。汰渍也推出竞争性广告，请来妇女喜欢的演员郭冬临出演，并在各大媒体大量投放。

6. 促销产品

在商场和超市我们常常能看到蔬菜、水果、牛奶等商品的促销海报，这些商品在快过最佳食用日期时，经常被拿出来做一些促销活动，这些必要的营销投入，可以尽量减少过期产品的损失。

3.5 经济下行期依然好卖的四类产品

1. 必需消费品

优衣库在经济下行期的营销逻辑是做“生活必需品”。把主要产品聚焦在外套、长裤、卫衣、毛衣等人人都需要、大人小孩都能穿的产品品类上。亚洲金融危机期间，优衣库推出摇粒绒外套，不到一年时间，近三分之一的日本人买了。

必需消费品是老百姓维持生活的必需品，如油、米、面、醋、酱油、饮料、酒、农副食品等，以及具有确定性需求的医药类产品。消费者对必需消费品的需求相对稳定，同时必需消费品具有“抗经济周期”属性，不管经济状况如何，这些生活必需品都不可缺少，是有钱没钱都得买的东西。

在经济不景气的时代，企业需要重点聚焦贴近生活的必需消费品。比如家居行业，可把重点放在床、沙发等通用产品上，而不是抱枕、地毯等边缘产品上。

从近几年媒体广告客户的行业分布也可以看出，经济不景气导致很多行业的广告投放都受到了影响，但是与百姓生活息息相关的一些行业客户并没有减少，甚至有所增加，比如六步鲜大米、华龙面、海天酱油、恒顺醋等，以及食用油行业的金龙鱼、鲁花、福临门、胡姬花等多个品牌。

2. 大众基础款

优衣库主打“大众基础款”，力图满足80%用户的80%需求。这些用户的衣服一般都是纯色，基本没什么装饰品，剪裁上也不会很夸张，看起来很普通，没什么个性，是“大家都一样”的衣服。

做大众款意味着在一个品类里锚定了最大的市场体量。在经济不景气时，这种产品策略非常有效。比如瑜伽服里的大众款是瑜伽裤，瑜伽裤里黑灰色是主打色，泡泡玛特的大众款是Molly盲盒系列，而不是收藏款系列。

把资源倾斜在大众基础款上，可以在经济衰退期保住自己一块最大、最稳定的市场。

3. 平价奢侈品

在经济不景气的时候，人们对美好生活的向往和憧憬不会降低，甚至更强，仍然有强烈的消费欲望。平价奢侈品，本身不会太贵，价格在消费者可接受范围内，但购入这些产品，消费者的精神可以得到大大的补偿。

美国经济大萧条时期，时任雅诗兰黛集团董事长的莱纳德·兰黛（Leonard Lauder）最早提出“口红效应”的理论，随后的产品调查结果也证实了口红的销量会增加。

在经济不景气时期，高端品牌可将产品定位为能够让消费者负担得起并能激发生活情绪的平价奢侈品，来实现“口红效应”。

4. 白牌产品

所谓“白牌”，简单说就是没有牌子，但白牌产品并非“三无产品”，一样符合各种国家规定和质量要求。白牌产品是产业链上游的生产商或者渠道商直接供应的产品，通常比品牌产品便宜，拥有“极致性价比”。很多购买白牌的消费者说“不是大牌买不起，而是白牌更有性价比”。

现在的消费者都非常理性，非常看重品质和功能，也越来越追求极简、平价与本土化，越来越不愿意为一些可有可无的创新点与营销概念带来的品牌溢价买单。在经济不景气的时期，消费者更加看重价格和性价比。在这种背景下，白牌成为很多消费者的选择之一。

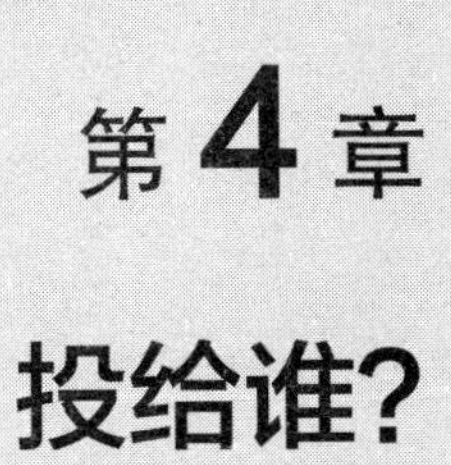

第4章

投给谁?

4.1 宝洁奥运广告“谢谢您，母亲”

宝洁公司在2012年伦敦奥运会期间发起“谢谢您，母亲”主题活动，向平凡而伟大的母亲致敬。广告片通过一个个奥运选手儿时的镜头，讲述着今天站在赛场上的奥运健儿在通向奥运的道路上母亲多年来的一点一滴的付出。

宝洁认为，“谢谢您，母亲”是公司175年历史中最成功的宣传活动。公司统计，2012年伦敦奥运会这一宣传活动使销售额增加了5亿美元，品牌认知度提高了22%，喜爱度提高了13%，信任度增加了10%。

因此，自2012年起，宝洁在每届奥运会都延续“谢谢您，母亲”这一宣传主题。2016年里约奥运会广告进一步展示了奥运健儿在赛场上遇到特别紧张、信心不足或者犹豫不决的情况时，他们会想起小时候遇到困难时妈妈鼓励的话语和坚定的眼神，这帮助他们克服赛场上的困难，最终取得比赛的胜利。

“谢谢您，母亲”这一宣传主题，打动了千千万万个普通家庭的母亲们，她们因孩子在各自领域的成就而觉得自己的付出终有收获，感到非常的自豪和骄傲。

4.2 泛消费者

奥运广告怎么做？我们看到绝大多数赞助商都是花大价钱请大牌体育明星做代言，可宝洁没有这么做，直接瞄准产品的典型买家——妈妈们，这些无数个家庭的妈妈们正是宝洁产品的主要购买者和使用者，直接针对她们进行推广，自然能取得更加直接、更加明显的效果。

营销投入应该投给谁？最直接的答案是投给产品的购买者和使用者。

大家有没有发现，地铁里的植发广告比较多。上班一族，特别是从事脑力劳动、频繁熬夜加班的中青年男性，是植发产品的主要消费群体，而这类人群经常乘坐地铁上下班。所以在地铁里做植发广告，投向应该是比较精准的。

但营销投入仅仅面向产品的购买者和使用者吗？

步步高董事长段永平先生曾经说过，广告不只做给消费者看，还做给经销商看，经销商看到广告后，会对产品更有信心，会更有进货意愿，同时，广告还做给员工看，员工看到自己的企业和产品做广告，会认为企业能有更大的发展，工作热情会更高，自我要求会更高，工作表现会更好。

品牌营销中的“消费者”不是狭义的概念，而是“泛消费者”概念。品牌进行营销投入，影响的不仅仅是产品的购买者和消费者，以及影响消费者购买决策的人，还包括产品生产、销售渠道等营销链路上的各类合作伙伴，以及与企业发展相关的多方角色。概括起来，具体包括以下人群：

1. 产品购买者和使用者

这是品牌营销的核心对象。

2. 购买决策影响者

比如家里要买一台冰箱，孩子可能是提议者，妈妈可能还听取了邻居家的建议，爸爸又上网查看了一些用户评论，最后一家人商议，决定购买海尔冰箱。全家人都是购买决策的影响者。

在购买决策影响者中，要特别重视对消费者有重大影响的第三方意见，如网红达人、UP 主、行业专家等。这些人被称为“关键第三方”。

在面向商家客户的 To B 业务中，产品购买决策的参与者和影响者往往更多、购买旅程更长，每个环节、每个角色都会直接影响最终的购买决定。

3. 经销商

企业生产出产品，最终到达消费者手中，一般要经过批发商、零售商等各级经销商环节，才能进入商店、超市等终端进行销售。

企业的营销活动和品牌传播对经销商渠道有重要影响，可以增强产品经销商的合作信心，推动产品铺货和渠道建设。同时，也会增加企业与经销商谈判时的砝码，让企业掌握更大的谈判主动权。比如一个药品如果有大量广告宣传，可能给药店的销售返点是 20%，如果没有投入广告，可能需要给药店 30% 的销售返点。

我在担任央视广告部主任期间，经常被邀请参加企业的经销商大会，主要谈央视和这家企业的合作情况，比如和央视合作多少年，是否是央视的战略合作伙伴，一年在央视投放多少广告等等，有时还会展示企业老板在央视招标现场投标的大幅照片。背后的逻辑就是经销商也是品牌传播的重要对象之一，增加品牌传播和营销投入可以提高经销商的合作意愿和产品代理信心。

4. 供应商

供应商指为企业提供各类资源的合作伙伴，包括产品原材料供应商、技术设备供应商、产品包装供应商等，也包括企业咨询、品牌策划、内容创意以及媒体代理等各类营销服务供应商。

企业做品牌营销和传播，展示企业实力，提高企业的影响力，有利于拓宽供应商选择的渠道范围，能够选择更加优质的供应商，同时也可增加企业与供应商谈判时的砝码，以获得更好的价格和服务。

5. 股东、股民、投资人

股东、股民、投资人等是企业的投资者，他们的利益与企业发展息息相关，企业的品牌传播、营销活动等他们都非常关注，可将他们看作企业的编外员工和特殊消费者。

6. 内部员工

员工也是企业的一类特殊消费者，可以称为“内部消费者”。企业打品牌做营销，能提高员工的荣誉感和对企业的归属感，增强工作干劲，提高工作效率。

7. 竞争者

企业的一举一动，都会引起竞争者的关注和研究，有些时候会引发他们的营销策略调整。企业进行品牌营销投入要考虑竞争对手的反应，必要时要根据竞争对手情况及时作出调整。

8. 政府及相关机构

各级政府主管部门、企业所属行业组织、媒体、社区等，也会对企业发展产生影响，也可以看作一类特殊的消费者。

上级主管机关看到企业做广告、打品牌，大都会认为这是一家有一定实力和发展潜力的企业，是一家值得关注和支持的企业。有些企业做广告，特别是在官媒、央媒上做广告，一个主要目的就是希望得到各级政府部门领导的关注和关心，希望在政策、融资等方面得到政府支持和帮助。

9. 社会大众

社会大众也是品牌营销的一类重要对象。企业开展品牌营销活动，特别是在大众媒体上做品牌传播，会让社会大众形成对品牌的普遍认知，甚至形成品牌话题和社会舆论。

前文提到，在实际生活中，消费者的购买决策往往不是那么简单直接的，有很多因素、很多人在影响消费者的购买决定。家人、朋友、同事、其他用户、产品口碑和社会舆论等等，这些角色在消费者旅程的不同阶段产生着不同的影响作用。

这些各种类型的影响者，都应该是品牌的目标消费者。在品牌营销过程中，如何分清主次、突出重点呢？品牌营销目标人群图谱可以用一个多层级的圆来表示（见图 4-1）。

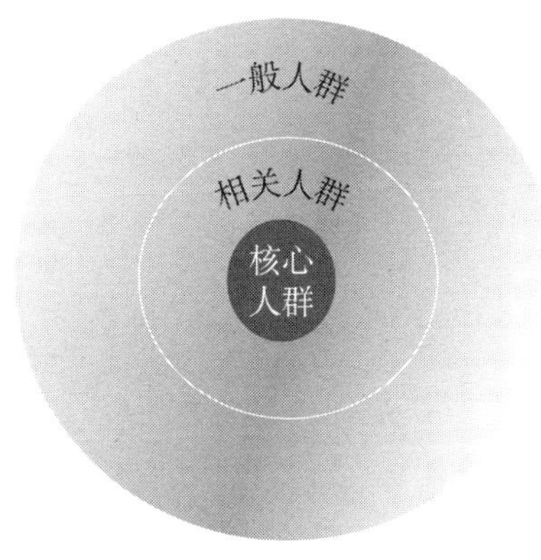

图 4-1　品牌营销目标人群图谱

中心层是“核心人群”，是品牌营销的核心对象，在很多时候表现为产品的购买者和使用者。

中间层是“相关人群”，包括核心人群的密切关系者，如家人、朋友、同事，他们往往会为消费者提供一些参考意见，也包括企业的主管机关、经销商、供应商、投资人、员工、竞争者等，他们也是品牌营销的重要影响对象。

外层是“一般人群”，他们对“核心人群”和“相关人群”具有一定的影响，比如社会大众对品牌的普遍看法、品牌话题、品牌舆论等，都对消费者的购买决策和品牌发展产生影响。

我们以高校招生广告为例，来分析一下品牌营销目标人群图谱。

前几年，南京大学发布的一组招生广告引发社会热议。宣传海报中几名学生举着牌子，上面写着“你想不想让我成为你的青春”“你想不想和我一起泡在杜厦图书馆，从早晨到夜晚”等极具争议的文字，一度成为社会热点话题。

南京大学此次招生宣传“玩梗”，可以说是成功出圈，引发了社会关注，但又有多少考生会因为这样的宣传去报考南京大学呢，南京大学招生宣传的目的达到了吗?

这本质上是没有搞明白“投给谁”“对谁说”的问题。

高校如同企业，也有自己的产品，高校的“产品”是无形的教育服务，“用户”是考生和学生。高校招生广告本质上是吸引目标考生购买学校的教育服务。那么，招生宣传首先要瞄准有可能报考本校的目标考生，这是高校产品的“核心人群”，其次是面向那些影响考生择校的密切关系者，如考生家长、老师、亲朋好友等，这是“相关人群”，再其次才是面向广泛的社会大众，这是“一般人群”。

南京大学此次招生宣传“玩梗”，做了一次针对“一般人群”即社会大众的宣传，提高了学校知名度，但没有针对“核心人群”，即目标考生的精准诉求，自然不会取得理想的招生效果。

4.3 消费者画像

冯小刚执导的贺岁片《非诚勿扰》开头，有一段秦奋（葛优饰）的经典台词，描述了主人公的个人情况和对自己意中人的期待：

> 你要想找一帅哥就别来了，你要想找一钱包就别见了。硕士学历以上的免谈，女企业家免谈（小商小贩除外），省得咱们互相都会失望。刘德华和阿汤哥那种才貌双全的郎君是不会来征你的婚的。当然我也没做诺丁山的梦，你要真是一仙女，我也接不住。没期待您长得跟画报封面一样，看一眼就魂飞魄散。外表时尚、内心保守、身心都健康的一般人就行。要是多少有点婉约，那就更靠谱了。心眼别太多，岁数别太小，会叠衣服，每次洗完烫平，叠得都像刚从商店里买回来的一样。说得够具体了吧？
>
> 自我介绍一下，我岁数已经不小了，日子小康，抽烟不喝酒，留学生身份出去的，在国外生活了十几年，没正经上过学，蹉跎中练就一身生存技能。现在学无所成，海外归来。实话实说，应该定性为一只没有公司、没有股票、没有学位的“三无伪海归”。人品五五开，不算老实，但天生胆小，杀人不犯法我也下不去手，总体而言还是属于对人群对社会有益无害

的一类。

有意者电联，非诚勿扰。

这则征婚广告是典型的“消费者画像”。

识别一个人，“画像”是有效方法之一。公安抓罪犯，有时会根据目击者的语言描述画出嫌疑人的草笔“画像”，拿着它去识别罪犯。如何识别消费者呢？我们也需要给消费者画像。一般从以下两个维度来“定义”消费者：

一是人口统计（demographics）特征。

主要描述消费者的基本特征，包括消费人群的性别、年龄、收入水平、教育程度、职业类型，以及居住的城市或社区等。

不同的性别、年龄，不同的收入水平、教育程度，不同的居住社区，往往有不同的生活形态和消费需求，对品牌的选择和消费也会有不同的考量。

二是生活形态（life style）特征。

主要描述消费者的行为特征，指消费者日常的行为轨迹、生活空间和生活方式等，如是居家还是上班、经常去哪些地方、主要有哪些休闲活动、使用哪些产品、经常接触哪些媒体等。也包括未来的预期行为有哪些，如计划结婚、旅行，还是戒烟等。还有消费者情绪方面的数据，如开心时刻等。

除上述个人因素外，还有消费者社会因素方面的特征，如经常与谁在一起，经常参加哪些团体活动等。

不同的生活空间和生活形态，体现出消费者在消费理念和消费行为上的差异，也能折射出消费者的社会地位和对品牌的不同态度。

给消费者画像，就是为目标消费者“贴标签”，勾勒出目标消费者的典型特征。照着这个画像，可大致识别出哪类人是品牌的目标人群。

 消费者 DNA 识别

海尔卡萨帝定位为海尔集团的高端品牌，其消费者画像的主要标签之一是：家庭月收入在 3 万元～8 万元的新中产阶级。

我们曾经走进一个卡萨帝用户的家中，他们夫妻两人住在北京一个普通社区的一座塔楼里，家里共有五件卡萨帝产品，是卡萨帝的极度忠诚用户。夫妻俩都是普通的工薪阶层，收入不高。家里的摆设非常精致，养花、养草、养小动物，男主人还给我们饶有兴致地介绍墙上的精美钟表。打开他们家的冰箱，里面摆放的东西不多，没有包装类食品，也没有一点剩菜剩饭。他们家有两个垃圾桶，在家里已经做好了垃圾分类。女主人还介绍，他们一直是正反两面用纸。夏天来了他们有时还会租辆摩托出去兜兜风。在我们离开他们家的时候，女主人弯腰帮我们一位同事摆顺鞋子，让同事觉得很是承受不起，连声道谢。

我们也曾经走进上海一个卡萨帝用户的家中。他们家的房子很小，大概四十平方米，住着一家三口还有孩子的外公、外婆，小两口把阳台改成了他们的卧室，客厅沙发上摆满了孩子的玩具，我们

在只有几平方米大小的厨房里和女主人攀谈起来。一个硕大的卡萨帝冰箱几乎占据了 1/3 的厨房面积，往外凸出的大大的红色把手显得格外夸张，打开冰箱，里面的东西很多但摆放得井井有条。在这个狭小的空间里，女主人分享着家里有趣的生活，描绘着她一个个美好的计划，脸上始终洋溢着幸福的光彩。

就是在那天，在她神采飞扬的表述中，我突然找到了卡萨帝消费者的 DNA 特征："生活梦想家"。卡萨帝的消费者不一定很有钱，但他们有比常人更强烈的生活梦想，对未来美好生活有更强烈的渴望和追求，拥有更加清晰、更加坚定的生活目标和人生计划。他们大都具有鲜明的个体意识、创造性和理想色彩。

这是另一位卡萨帝用户的表述："想 35 岁就退休，就这么想的，就是有这种初步的想法而已。到时候肯定是去旅游，想去日本看樱花还有富士山。"

只要是"生活梦想家"，就可能是卡萨帝的目标用户。不一定非要家庭月收入达到 3 万元以上才会买卡萨帝，也不一定非要是"新中产"才会去买卡萨帝。我同事的姑姑七十多岁了，已经退休，平时很爱美，追求时尚，每年都要做美容，她家里就买了一台红色的卡萨帝大冰箱。

年龄、收入、职业等这些生硬的消费者画像"标签"，只能判断目标人群的大概面貌和大类特征，不能精准识别目标消费者个体。只有回归到"人"，找到目标人群最本质的特征，才可能在茫茫人海中彻底识别每一个目标消费者。

人与人之间最根本的差异最终体现在价值观念上，如世界观、人生观、价值观，以及家庭观、消费观等，还有对广告的态度等。消费者的不同价值观念在本质上决定了其消费取向和品牌选择。消费者购买的每一件产品，本质上都是其自身价值观的表达和体现。

DNA 是人的最本质特征和最根本性差异。通过挖掘和提炼目标消费者的 DNA 特征，可以精准识别每一个目标消费者。

挖掘消费者 DNA 特征的基本路径和方法是，首先要精准取样，找到品牌的典型用户，通过多种调研分析手段进行深入洞察，然后进一步萃取提炼。

一种有效的研究分析方法是文本分析。找出典型用户在微博、抖音、小红书等社交媒体发布的日志信息，“细读”他们分享的文字、图片和视频，这些文本信息都是他们在日常生活中的真实表达和内心世界的真实流露，要深度解析这些信息背后的消费者的本质特征。

观察法也非常有效。在不打扰用户的状态下，仔细观察典型用户的真实生活形态，如有条件可以走进他们的家中，看看他们家里的陈设，甚至翻翻他们的冰箱和垃圾桶，了解他们日常消费的产品和生活习惯等等。通过真实自然的生活细节解读他们的本质特征。

还有一种有效的方法，是与典型用户进行开放式深度访谈。在轻松的聊天中了解他们到底是怎么想的，他们到底是什么样的人。

当然，也可以采用问卷调查的方式。测量典型用户在价值观、家庭观、消费观等方面的评价。

劲酒的消费者画像多年来一直定位在“45—65 岁中老年男性”。我们通过使用上述多种调研分析方法，提炼出劲酒消费者的 DNA

特征是“正能量、自驱、有责任感”，具体表现为三观正，能自我约束、自我激励，对自己、他人、家庭、社会均有较强的责任感等。凡是符合这些特征的人都可能是劲酒的消费者。据此我们挖掘出一部分女性消费者和年轻男性同样也是劲酒的目标人群。

需要说明的是，使用上述方法挖掘目标消费者 DNA 特征，大企业可以委托专业公司进行专项调研、深度挖掘，小企业同样可以使用上述方法，轻操作，自己进行访谈、观察典型用户、上网了解用户网络日志，也可以获得很有价值的消费者识别信息。

今天，技术的发展为我们寻找目标人群的 DNA 特征提供了更大的便利。目前已经有个人 DNA 检测业务，通过基因检测了解人的先天倾向，再配合专业量表了解用户的心理和行为特征，有助于更加精确地描述目标消费者的 DNA 特征。

识别消费者 DNA 可以为品牌营销提供全面指引。

卡萨帝通过识别消费者 DNA 特征——“生活梦想家”，大大拓展了卡萨帝的目标人群范围，由此我们提出卡萨帝的品牌定位应该由“高端”转变为“高端大众”，卡萨帝要做高端市场的大众化品牌，开发更加广阔的大众市场，品牌营销重点也应该由做高端圈层营销转向人群“拓新”，尽快夯实用户金字塔底座。

另外，品牌的一切营销动作，从根本上都需要契合目标消费者 DNA 特征。比如在内容创意上要与目标用户的 DNA 特征调性吻合、协调一致，在媒体投放上要选择与目标消费者 DNA 契合的媒体。

4.5 高价值消费者与低价值消费者

一位企业负责人说，企业试图提供满足所有顾客需要的产品，也试图服务好所有消费者，但是感觉对有些消费者服务不足，而对有些消费者又过度服务，平常企业的很多时间和精力都花费在那些有很多要求的顾客身上，这种“不分青红皂白”的服务方式，让他们浪费了很多的精力和资源。

并不是每个消费者都是一样的，每个消费者为企业创造的价值不同。消费者有重要不重要之分，甚至有“好坏”之分。

企业所有的利润归根结底都来自消费者。一个消费者就是一个微利润中心。毕马威会计师事务所的一项关于银行的调查表明，有40%～70% 的利润是由 20% 的消费者创造的，而有 80% 的损失是由 20% 的消费者造成的。《消费者生来不平等》一书的作者 Garth Hallberg 认为，相比低价值消费者，高价值消费者能为企业带来 6 到 10 倍的利润。

消费者价值是一个综合概念。不仅包括企业从消费者购买中获得的收入和利润，也包括其他一些额外收益，如消费者将产品推荐给他人为企业带来的销售收益，在他人面前使用产品为企业带来的示范收益，以及消费者对产品提出改进建议等。

衡量消费者价值，理论上要先将企业过去、目前以及将来期望的购买收入加总，再加上消费者带来的额外收益的估值，然后减去企业服务消费者的成本，如售后支持、售后保证和退货等成本，最后减去企业获得消费者所花费的营销成本，最终得出消费者价值的净值。

衡量消费者价值，还需要进行定性分析，看消费者属于随机消费者还是习惯性消费者，或者忠诚消费者。有些消费者是一次性购买，可能是因为便利性、促销或者无意中碰上了，这些消费者大多属于随机消费者，没有必要投入太多营销成本。对于长期购买的消费者，也要做具体分析，看是习惯性购买，还是忠诚购买。

对企业来说，“每一个消费者都是重要的”，这句话理论上是正确的，但在实际操作过程中需要详细分析。消费者的获得、服务和保留都是需要成本的，如果所有消费者全部同等对待，而不考虑不同消费者为企业创造的价值和利润差异，势必无法实现企业投入效益最大化，更糟糕的是，一些原本留给高价值消费者的资源可能被那些低价值消费者“篡夺”，这无形中增加了高价值消费者流失的可能性。

高价值消费者可以说是“黄金消费者”，应尽可能把有限的投入向高价值消费者倾斜。应对这类人采取一些特殊的服务措施，比如优先权服务、单独定制服务以及额外增值服务等，保持其高利润水平。

对于低价值消费者，应减少投入成本。比如不再为他们提供人工咨询服务，改为自动客服系统，采用 AI 机器人回答或处理业务。

美国银行把客户细分为三种类型，为高利润客户提供更多服务，为其他顾客提供较少的服务。对“基本型”客户，主要提供自助服务；对“稳定型”客户，与之保持关系，并指派服务代表；对“战略型”客户，指派受过培训的金融专家提供咨询服务。这么做的结果是，有 60%～80% 的交易都采用了自助服务的方式，公司减少了大约 20% 的费用。英国的银行也将客户分为“樱桃”类、“梨”类、“苹果”类以及其他一些水果类型，对每一类顾客分别有一套服务、收费以及顾客享受特权的指南。

英国一家公司将客户分为价格交易型客户和价值交互型客户。对于占总量 20% 的价值交互型客户，公司与他们达成了长期合作的购买协议，同时给予快速的服务响应和优先权。价格交易型客户关注的主要是价格，公司减少了对他们的相关服务，让这些客户主要通过公司网站进行自助服务，以降低费用。

还有两类消费者值得特别关注。

一类是负值消费者。

这类消费者的典型特征是，经常无休止地讨价还价、不按时付款、反反复复地咨询、多次退货或者经常抱怨。《哈佛商业评论》认为，所有行业平均来看，大约有 15% 的消费者是不能给企业带来任何利润的。《天使般的顾客和魔鬼般的顾客》（作者：Selden 和 Colvin，2003 年）一书写道：绝大多数行业里最糟糕的 20% 的顾客给企业带来的损失等同于 75% 的企业利润。

对于负值消费者，应适当减少给他们的价格折扣或其他优惠，变相提高价格。如果他能接受，那么就降低了企业成本，变相提高了他为企业创造的利润，如果他拒绝，相当于自动放弃，企业也就减少了一份巨大的负值投入，企业利润也会得以改善。

还有一类是流失消费者。

消费者流失并不代表永远消失。研究表明，成功向新消费者销售产品的可能性是 5%～20%，成功向流失消费者销售产品的可能性是 20%～40%。让流失消费者回归可能比开发新消费者更重要。

英国航空公司通过建立顾客恢复计划，使那些抱怨的乘客的维系率翻了一倍，这项计划的投资回报率超过 200%。

4.6 不要“刻舟求剑”

消费者不是一成不变的，品牌面对的是流动的消费者。

消费者的角色是流动的。消费者在生活中的角色是不断变化的，结婚前是单身一族，结婚后就成了丈夫或者妻子，有了孩子后，又增加了父亲或者母亲的角色。

消费者“标签”也在不断发生变化。随着时间的推移，人们的年龄阶段、兴趣爱好、行为特征乃至心态观念都可能慢慢发生变化。消费者画像也会随之发生变化。

消费者本质上是“善变”的，没有永远忠诚的消费者。调查显示，近三成消费者经常频繁地更换品牌，其中 67% 的消费者常常被一些新的品牌吸引，而非对当前品牌不满意。对品牌来说，消费者的每一次购买行动都是一次重新的品牌选择，每一个品牌都面临被放弃的风险。

面对流动的消费者，需要用动态的眼光，敏锐捕捉消费者的最新变化，采取灵活的营销策略，与消费者保持同频共振，时刻满足消费者的新角色、新需求，紧紧跟上消费者、抓住消费者。

在品牌营销实际作业中，常常把目标消费者分为潜在消费者、现实消费者和流失消费者。我们可以把目标消费者比作一个大的“消费者池”，其中包括三个贯通的小池子，分别是“蓄水池”（潜在消费者）、“活水池”（现实消费者）和“放生池”（流失消费者），三个池子的水相互贯通，三类消费者在这之间互相流动。品牌营销就是努力让“蓄水池”的水位越高越好，向“活水池”流动的水越多越好，同时尽可能让“放生池”的水更多地回流到“活水池”中。

消费者是流动的，品牌营销不能“刻舟求剑”。

我曾接触过一家企业，他们把消费者画像定位在30～45岁，对准这类人群打广告，用户关系也天天围绕这些消费者做，结果用户规模越做越小。殊不知，消费者是流动的，30岁以下的潜在人群需要尽早培养，针对45岁以上的人群也要想办法延长他们的产品使用周期，以及需要让部分老用户回流，总是盯着固定标签人群打广告，没有建立起流动的用户群，很难有大的销量突破，营销效益也不会高。

有人说，不论什么产品，瞄准年轻人永远没错。这句话虽有些极端，但也有一定的道理。因为消费者是流动的，年轻人可能现在不是你的目标用户，但随着他们长大，早晚会是你的目标人群。

第 5 章

投向哪？（一）

前面已经讲到，消费者旅程是由一个个消费者与品牌的接触点构成的，管理好消费者旅程的每一个接触点就是品牌营销的全部。营销投入应该投向哪？当然应该投向消费者与品牌的接触点。

启德商学院广告主创新实验室通过对多个不同品类、不同品牌的分析，把常见的接触点进行梳理归类，共分为五大触点群：产品触点群、媒体触点群、他人触点群、自触点群和售点触点群。无论是大品牌还是小企业，开展品牌营销的第一步，都是回归消费者原点，找到目标消费者与品牌的可能接触点，建立起品牌的全触点图谱。

5.1 每一个接触点都是重要的

在消费者旅程中，每一个接触点都是重要的。哪怕再微小的一个接触点，也会影响消费者的品牌感知和评价，进而影响消费者的购买行动。在每一个接触点上，消费者都在累积能量，推动消费者旅程前进，同时也有可能在任何一个接触点上终止旅程。

前招商银行行长马蔚华先生当年提出“因您而变”的经营理念，并推出一系列以客户为中心的改革举措。改革是从改变“排队”方式入手的：客户来营业厅办理业务，之前是每个窗口各排一竖队，每个队伍办理速度不一样，客户总觉得自己窗口的队伍慢，导致心急、烦躁。新的“排队”方式是，统一排队，快叫到号了再分散到各个窗口，这样大家就不心急了，客户满意度就提高了。

对“排队”这一细微触点，很多大品牌都下了大功夫。

麦当劳竖着排队。麦当劳作为快消品牌，最大的特点就是快，竖着排队会给排队的顾客形成一种无形的压力，自动催促他们快速做出选择，同时，这种压力感也会传递到面对顾客队伍的点餐服务人员那里，他们看到眼前长长的队伍，往往会产生一种无形的压力，会加快服务速度。

星巴克横着排队。回字形横着排队符合星巴克倡导的社交属性，横着排队的顾客远比竖着排队交谈的可能性更大，这也体现了星巴克主打的“第三空间”的理念。

荷兰零售商 Jumbo 超市承诺“第四个排队的人不用交钱”，目的是节省顾客的排队时间。为了做到这一点，店内不论什么岗位的工作人员都会操作收银机，随时补位。

一个小小的“排队”触点，为什么这么多品牌这么重视，就因为它同样是影响消费者购买决策的关键因素之一。

“排队”管理本质上是等待时间管理。等候时间是影响消费者品牌感知和购买行动的一个重要因素。长时间的等待会让顾客产生不满，一条长长的队伍甚至会把前来消费的顾客吓走。

有些聪明的商家看到排队队伍比较长，会派工作人员主动走过来，告知等候时间（有了预期，焦虑程度就会降低），还可以与排队顾客轻松交谈，这将有助于缩短顾客等待的感知时间，有时还可借机介绍一些最新的产品信息和活动信息等。

排队等候其实也是一个非常好的广告机会。比如顾客从收银处结完账出来，这时完成购买任务了，心里很轻松，还有些无聊，此时视线正前方就是最好的广告位置，即将到来的节日促销活动、会员活动等信息非常适合让此刻的消费者来了解。如果队伍旁边能有架子放置一些最新的介绍，顾客就能顺手取下阅读，也是一个既能传递品牌信息又能缩短顾客等待感知时间的好办法。

5.2 产品触点

产品触点是消费者通过产品或服务、品牌与消费者接触的各种机会。

消费者接触产品，往往会调动视觉、听觉、嗅觉、味觉和触觉等全部感官来全方位地感知产品，形成对品牌的认知和印象，影响他们最终的购买决策。**产品触点是品牌与消费者的直接接触，对消费者的影响是最直接的，是有巨大影响力的，所以在五大触点群中，我们把产品触点列为第一触点。**

消费者对产品的感知是全面而细微的，产品触点的颗粒度很细，产品触点包括消费者可能接触感知的与产品相关的所有触点，可分为产品类触点和品牌类触点。

产品类触点包括产地、材料、形状、规格、款式、颜色、声音、味道、包装等产品本体元素，产品技术、生产车间、工艺流程等产品生产元素，售前、售中、售后等服务元素，定价、涨价、降价、折扣、优惠券、买赠、积分奖励等产品价格元素，以及关联产品、赠品、联名产品等延伸产品。

品牌类触点包括品牌名称、读音、logo、吉祥物、品牌口号、品牌代表性人物、品牌故事、代言人等。

产品触点的营销逻辑是经验逻辑。消费者通过真实的产品接触，获得直接的产品信息和品牌体验，容易触动消费者的购买欲望，打消可能的疑虑，提升购买信心，触发购买行动。有研究表明，触碰产品会增强一件产品的购买意愿，触摸得越多，越想拥有。

产品触点在很多时候是沉默的。但产品不是哑巴，产品无时无刻不在做着无声的“广告”。产品的任何一个元素都在传递着产品的质量、品质，以及品牌的内涵、价值观等。

以下对部分产品触点进行简要分析。

1. 产品名称和标识

产品的品牌名称、品牌标识，如同一个人的名字，可以说是品牌的第一触点。

2. 产品包装

比如产品外观，本身是一个品牌触点符号。差异化的造型可彰显产品特色和调性，成为区隔性品牌符号。如可口可乐经典老款的曲线瓶。

比如产品说明书，也是一个细微的产品触点。不少药品说明书，字很小，看不清，而且学术名词多，让人很难看懂。苹果手机不太需要说明书也可以上手就能用，体现了产品的人性化设计，也会让人联想到高科技的品牌形象。

还有产品的外包装。宜家的蓝色购物袋，在宜家店内构成了一道蓝色的风景线，因其结实耐用，也有不少顾客买回去另作他用。2017 年宜家还专门给蓝袋子庆祝 30 岁生日，大费周章地拍了一支短片 *The Blue Bag*，告诉人们蓝袋子的万能和背后无尽的故事。一个普通的购物袋，表达了宜家“低价创造无价”的价值主张，也成为宜家的品牌符号。

3. 产品展示

创新的产品展示形式，能够有效激活产品触点。

受疫情影响，2022 年布鲁塞尔车展被迫取消。该车展上的订单一般占沃尔沃全年销售目标的 30%，因此沃尔沃不得不重新思考展示和销售汽车的方法。他们创建了在线配置器，这是一款应用程序，它利用先进的人工智能识别你所看到的每一辆沃尔沃汽车的配置。用户在街上只要看到自己喜欢的车型，用手机拍下这款车的照片，然后上传到配置器，就可以立即查看这辆车的性能指标、生产年份和价格等所有信息，可以仔细欣赏和研究，甚至可以预约试驾或要求报价。这种方法让街道变成沃尔沃的展厅，取得明显的销售效果。与前一年相比，新车型的报价请求增加了 29%，试驾增加了 56%，销售线索转化率增加了 175%，该车型也成为当年最畅销的车型。

4. 产品服务

服务作为产品不可分割的一部分，是一个颗粒度非常精细的产品触点。

深圳有家酒店，在客人结账离店时，服务人员会递上一瓶矿泉水，让客人在路上喝。一个小小的服务动作，体现了酒店对客人的关心，可能会让不少住客成为这里的常客。

如何提高医院服务水平、改善医患关系，是目前的一大社会问题。我想医院能否增加一项服务内容，当病人来医院看过病之后，第二天医院能打一个诊后回访电话，问问病人的情况，进行一些简单的电话指导。增加这一项“售后服务”，应该会大大改变人们对医院的印象，并显著改善医患关系。

5. 延伸产品

每逢重要节日，星巴克都会推出限量版杯子。这些杯子虽然属于品牌延伸的周边产品，但都经过精心设计。比如杯盖，之前是塑料纸材质，需要往回拉一下拉环，咖啡才能从一个小口流出来，现在杯盖重新进行了专业设计，更加方便倒出，杯体也换成了厚纸，企业认为“盖子给人的感觉必须反映产品质量”。很多人用完这些精致的杯子，都不会扔掉，会接着使用或者珍藏起来。一个小小的杯子成为星巴克品牌与用户之间的一个长期接触点。

有的酒店会把钥匙卡作为赠品送给顾客，留作纪念。钥匙卡这个酒店服务的延伸产品也能成为一个重要触点。

6. 产品价格触点

产品价格其实也是一个非常重要的产品触点。

卡萨帝作为高端家电品牌，价格比一般的家电产品要高。我们在为卡萨帝品牌提供咨询服务的时候，提出“制定符合消费者预期的高价格应成为卡萨帝的定价哲学”，在每一个接触点上都要强化“高价信号”，强化消费者对卡萨帝品牌的“高端”认知和“高价”预期。比如在产品设计上，突出艺术感和高科技感，让产品看起来奢华昂贵；在线下销售终端，变产品销售区为顾客体验区，配备身穿卡萨帝制服的高颜值、高素质的导购，给前来体验的顾客提供现磨的咖啡、鲜榨的果汁或是一杯法国葡萄酒，提供一个装在樱桃木盒子里的真皮封面的大本子，让购买的宾客在上面签名等等。另外，选择有品质、有格调的媒体进行广告投放和内容合作，广告片制作体现更高品质，还坚持不降价策略等等。

5.3 媒体触点

媒体触点是品牌通过媒体与消费者接触的各种机会。

媒体触点的最大特质是自带流量，可以快速触达广泛人群，帮助品牌实现规模化扩张。

根据用户接触媒体的不同形态，媒体可分为闯入型媒体和选择型媒体。

广播电视媒体按时间序列依次播出内容，是线性传播模式，用户只能在某一时刻接触媒体的特定内容，所以广播电视属于闯入型媒体。品牌使用广播电视媒体，需要在消费者接触品牌信息的那一刻迅速抓住他们的注意力。

报纸杂志和互联网媒体属于选择型媒体，用户可在某一时刻选择性接触自己感兴趣的内容。品牌使用这些媒体，关键是品牌信息要进入用户兴趣内容目录。

在媒体使用过程中，常常把媒体触点分为媒体广告触点和媒体内容触点两大部分。

媒体广告触点指各种媒体广告形式，如广播电视媒体的广告片、节目冠名、角标广告、主持人口播、公益广告等，报纸媒体的报眼广告、通栏广告、整版广告、分类广告等，杂志媒体的封面广告、封底广告、内页广告等，互联网媒体的开屏广告、横幅广告、弹窗广告、信息流广告等。

媒体广告大多由有广告需求的组织或个人自主发起，用户的接触形态大多是无意、被动的接触，所以媒体广告触点一般为弱接触点。

媒体广告触点的营销逻辑是流量逻辑。品牌购买媒体流量，以在短时间内触达大量人群。

媒体内容触点指体现品牌信息的各种媒体内容形式，如企业或产品的新闻报道、软文、专题或品牌专区，以及产品实物、品牌元素在媒体内容的植入，还有各类品牌短片、品牌电影、短剧等。

有效的媒体内容不仅可以快速触达大量用户，还能触动用户情感，甚至直接触发用户购买行为。抖音、快手、小红书等新媒体平台的内容电商就说明了这一点。

一般来说，媒体内容触点的接触强度高于媒体广告触点。但这需要具体情况具体分析。一方面要看内容由谁发起，媒体或用户发起的内容，用户接触主动性往往较高，接触强度更大，而品牌方发起的内容，用户往往是被动接触的，接触强度一般较低；另一方面要看品牌信息的编辑质量，如果品牌信息与媒体调性、内容主题和内容编辑环境不能很好地匹配、融合，用户的接触效果就会大打折扣。

媒体内容触点的营销逻辑是兴趣逻辑。用户根据自己的兴趣去搜索、关注、获取媒体内容。品牌需要创造和提供对用户有价值、有意思的内容，真正赋能用户，才能借助媒体内容有效传达品牌信息。

用户与媒体的接触大多是间接接触。可通过创造多元感官刺激，提高用户接触强度和影响强度。韩国一家连锁咖啡品牌，利用声音识别技术在公交车上播放散发“咖啡香气”的广告。每当这则广告响起，安装在车上的声音识别器会自动识别广告音乐，开始散发咖啡香气，“唤醒”车上乘客，吸引他们下车后到公交站点附近的门店购买该品牌咖啡。这则广告除了对用户形成听觉刺激外，还额外增加了嗅觉感官刺激，收到很好的广告效果，店面顾客人数增长 16%，销售量增长 29%。

5.4 他人触点

他人触点是品牌通过其他人与消费者接触的各种机会。

美国一家汽车经销商调研发现，影响顾客选择汽车品牌的第一接触点是“看到某品牌的汽车在路上跑”，其次才是展厅问询、试驾、电视广告、社交媒体等因素。

“他人使用产品”，本质是“消费者—消费者”广告，可以说是最直接、最生动的广告。这种“现身说法”，从营销意义上解释，是在向其他消费者展示产品购买后使用产品的真实形态，本质上是一种产品使用经验的传递，这会在一定程度上打消潜在消费者的疑虑，增强他们的购买信心。

具体来说，他人触点主要包括：品牌会员及其他用户，亲朋好友、同学、同事、社区邻居、兴趣团体、微信朋友圈等密切关系者，网上用户评论区、贴吧、买家秀等陌生用户发表意见的区域，政府主管部门和行业协会领导、明星大V、网红达人、品牌粉丝等，也包括社会公众对品牌话题的讨论、口碑、舆论、声誉等。

消费者购买决策需要经验支持，除了消费者自我经验之外，还需要他人的间接经验。他人触点为消费者提供其他用户的经验和品牌的社会公共经验。这些他人经验为消费者的购买决策提供了必要的信息，能提升购买信心。所以，他人触点一般为强接触点。

他人触点的营销逻辑是信任逻辑。它基于人与人的连接与信任，产生连锁的销售影响。密切关系者是熟人信任机制，依托熟人关系建立信任背书；陌生用户是陌生人信任机制，完全是产品经验的因素，没有人为因素影响；社会公众是大众信任机制，是一种普遍性的社会公共认知势能。不同类型的他人触点为消费者提供了不同维度的参考意见。

他人触点是品牌发展新用户的重要工具和高效方式。相对于通过广告投放、内容营销等营销推广方式开发新用户，链路更短，转化率更高，成本更低。

有两类他人触点值得特别关注。

第一类是 KOL（Key Opinion Leader），关键意见领袖。

前段时间小米汽车上市，小米 CEO 雷军送给某影视明星一辆小米 SU7，在网上形成热搜。该明星是近几年新崛起的大众明星，具有广泛的社会影响力，是典型的 KOL。对小米来说，这是一波几乎免费的大大的名人广告。

KOL 通常是在某一领域具有一定影响力的人，如政府官员、明星、大 V、行业领袖、媒体主编和记者等，他们自带流量，拥有一定规模的信任群体，同时在一定程度上比普通人拥有更高的可信度。由于其个人品牌背书，消费者对 KOL 推荐的品牌往往会更加信任。

明星代言人是其中一类 KOL。品牌请明星代言，无外乎两个目的，一是提高品牌知名度，借明星之名扬自己之名，二是扩大品牌的目标群体，借明星流量拓展自己的用户规模。道理虽然很简单，但要想获得理想的明星代言效果，需要精确的把握。

选择明星代言，一方面要强关联。明星的形象气质、人格特征要与品牌相契合，最好能在消费者心智中建立自然关联。北京冬奥会期间，有二十多个品牌聘请谷爱凌代言，可能大家最终记住的还是谷爱凌本人，赞助品牌大都没有记住，主要原因是这些品牌与谷爱凌没有太强的相关性。另一方面是声誉稳定，明星声誉稳定才能带来稳定的流量。流量明星不仅流量不稳定，出负面新闻的概率也更高。

媒体主编、记者是容易被忽视但又非常重要的一类 KOL。他们具有明确的身份标识，依托媒体公信力和大流量，具有比常人更大的影响力。特别是权威媒体的名记者、名主持，加之个人 IP，影响力更大。

还有一类 KOL 值得关注，即各类兴趣群体的领头人。在北京各大公园跳广场舞、抖空竹等各个兴趣团体都有各自的领头人，他们称之为“头羊”。北京歌华有线“年华”专区举办的北京广场舞大赛，主要就是靠分散在北京各大公园、社区的这些“头羊”们组织的。这些特定兴趣圈层的号召者和领导者，在所处圈层具有绝对的“话语权”。如果请他们在自己的兴趣群体中推荐一款产品，那影响力一定是很大的。

第二类是 KOC（Key Opinion Consumer），关键意见消费者。

身边的“榜样”最有力量。KOC 本身就是消费者，他们基于个人经验的分享带着生活中的烟火气，消费者觉得更可信，也觉得更亲近、更容易与 KOC 互动。找到 KOC 往往能产生事半功倍的效果。

Lululemon 就是使用“腰部 KOC”快速实现了全球市场扩张。他们每到一个城市，都会联系当地社区最红的健身教练或者瑜伽老师，发展他们为“门店大使”，在门店外张贴和悬挂他们穿上 Lululemon 服装后身材健美的巨幅海报，吸引了社区周围许多目标消费者的关注，他们也梦想着自己有一天拥有这样的身材，于是纷纷下单购买。

有一类特别重要的 KOC，就是高度忠诚的用户。如何“以老促新”，充分发挥老用户的作用，吸引更多新用户，需要创新的营销策略。我们曾建议一家保健酒品牌，寻找各个社区的忠诚用户，发展他们为社区“健康达人”，让他们在社区周围餐馆免费饮用，当其他食客看见别人在喝时，可能会受其影响，也来上一瓶。

KOC 中还有一类特别重要的“早期使用者”。社会学家埃弗雷特·罗杰斯的创新传播理论定义了“早期使用者”这个群体，他认为任何一件新事物在大众中流行会遵守这样一个曲线：2.5% 的人会成为第一批“吃螃蟹”的革新者，13.5% 的人会成为早期尝鲜者，34% 的人会成为早期主流。这些早期使用者是极具影响力的，他们是将产品推广到大量用户使用的关键群体。品牌应及早识别、培养和运营好这批重要的 KOC。

企业还可以把一些重要的 KOL 和 KOC 发展为有影响力的“知情”第三方，如选择一些媒体主编记者、典型用户、典型经销商等，向他们提前“透露”企业和品牌的最新发展信息，请他们以“信息源”的身份借助自身的影响力把这些信息发布出去，以期产生扩散效应。

5.5 自触点

自触点是品牌通过自身渠道与消费者接触的各种机会。

我在课堂上问同学们，看到中央电视台总部大楼这栋建筑，会对这家机构产生什么样的联想？同学们大都说，感觉央视有实力、比较专业、比较现代、创新能力比较强，还能紧跟时代、与时俱进等。

不只是建筑物，企业自身的任何一个元素都在传递着品牌信息，都在无声地为企业做着“广告”。企业的每一个元素都可能成为消费者的接触点，我们称之为自触点。主要包括：企业所属产地、产区，企业建筑物、办公用品、车辆等，企业专卖店、销售专柜等，企业组织的各类发布会、说明会等，企业参观、工厂旅游等，企业领导人、员工及其个人自媒体，企业客服热线，企业推销员、送货员等，品牌自播，企业官方网站、微博、微信公众号以及在各个新媒体平台开设的品牌账号等，企业书籍、行业报告等出版物……

自触点代表品牌官方，传递品牌权威信息，一般是强接触点。有些自触点，消费者可以直接接触，接触强度高。自触点在很多时候表现为沉默的触点，但依然会让消费者形成强烈的品牌认知和品牌印象。

自触点的营销逻辑是经验逻辑，消费者通过与品牌方直接接触，获得品牌官方真实信息或真实体验，有助于打消购买疑虑，提升购买信心，推动购买行动。

我一直认为厦门大学是最会做广告的大学。厦门大学的很多自触点已经成为网红打卡地和社会大众热点话题，如芙蓉湖、湖里的黑天鹅和白天鹅、凤凰花、涂鸦隧道，还有高尔夫课、爬树课等等，这些接触点已经成为厦大的品牌符号，时时刻刻都在为厦大做着大大的免费广告。

还有，厦大多年之前就面向社会开放参观，这是一项精明的营销策略。高校作为特殊的一类品牌主，提供的产品是教育服务，这是一种无形产品，而体验营销是无形产品最有效的营销方式之一。

我听过好几个朋友讲，因为带孩子来过厦大，所以最终孩子在填报高考志愿时毫不犹豫地选择了厦大。

目前对自触点的研究不多，企业也往往不太重视自触点营销，更少有企业进行专项投入。其实自触点的作用不容忽视，大有潜力可挖。这是一片价值洼地，花钱少、效益高。特别是在营销预算紧张的当下，充分挖掘自触点价值更有必要。以下重点强调几个自触点。

企业自媒体。目前不少企业把自媒体办成了“自美体”，只是作为企业信息发布平台和形象展示窗口，其实企业的自媒体还是重要的用户互动空间和引流平台。

客服热线。消费者打来电话咨询，这是消费者旅程中“输赢在即”的关键时刻，直接决定销售是否达成以及客户留存率。有几项关键措施，一是要请高素质的专家接听，而不是一般接线员，二是要实时响应，三是要一站式彻底解决客户问题，切忌当“二传手”。

私人沟通。电话和信函都是既古老又时尚的接触点。不论什么行业、什么业务，最终都是人与人做生意、都是人与人的沟通，这就需要在个人层面建立关系。在今天的数字化时代，一次电话沟通、一封亲笔信函可能更加珍贵，也更加有效。

5.6 售点触点

售点触点是品牌在售点与消费者接触的各种机会。售点触点大致分为线上、线下两大类。

线上售点主要包括淘宝、天猫、京东、拼多多等货架电商平台，抖音、快手、小红书等媒体电商平台，美团、滴滴、高德地图、春雨医生等垂类生活服务平台，品牌自播，以及传统媒体的电视购物、广播商城等。

线下售点主要有便利店、商超、购物中心，产品专卖店、销售专柜，集市、市集，以及电话推销、人员推销、直邮广告等。

售点是消费者购买旅程中最终的交易行动环节。消费者已经来到购买场所，这对商家来说是个宝贵的销售时刻，是在前期所有消费者触点的营销努力下进行最终的成果变现。这好比是烧一壶开水，加上这最后一把火，水就会沸腾起来。所以售点触点也可称作“沸点触点”。

售点一般为强接触点，其营销逻辑是行动逻辑。在消费者决策旅程的“最后一米”，如何临门一脚，触发消费者此时此地行动是其关键营销任务。

在每一个售点的任何一个微触点都至关重要，都可能导致消费者购买旅程的终结、前面的努力付诸东流。

售点触点中，人和环境是关键要素。

人是最活跃的市场因素。店员、导购员扮演重要角色，他们的服务以及在服务过程中展示出的形象和魅力，直接决定消费者的购买行动和购买体验，其中关键是掌握好“度”，不要急于推销产品，要想如何帮助消费者、赋能消费者，在他们需要的时候助推一把。

有学生在课堂上提到某电商的客服给她留下深刻印象，她在网上购买某化妆品时，把自己的皮肤状态拍照发给客服，客服会根据她的肤质情况推荐是否适合这款产品，不会强买强卖，她也成了这个电商平台和这个品牌的忠诚用户。

其次是环境。售点场所的气味、音乐等，都将对消费者的品牌感知和购买行动产生影响。五星级大酒店空气中的“香味”让人感觉这是五星级酒店的专属味道。有数据证实，在葡萄酒专卖店播放田园音乐，可以提高葡萄酒销量，如果播放法国音乐，法国葡萄酒的销量会提高，如果播放德国音乐，德国葡萄酒的销量会上升。

在售点空间里还有各种形式的广告，如橱窗、海报、吊旗、电子显示屏幕、产品画册、传单等，这些售点广告不仅能展示和传递产品信息，还能烘托氛围，诱发顾客购买冲动。厦门大学白城超市海鲜专区用渔网道具构建了一个“海捕”场景，配上“小海鲜，小时候的味道”的广告语，强调了“原生”这一功能价值，也触发了消费者的情感回忆。这是有行动力的一组售点广告。

售点是消费者与品牌高度接触的空间，应把每个售点努力打造成顾客体验中心、品牌提升中心和用户发展中心。要创造丰富多彩的消费者感官体验，配合卓越服务，让消费者在这个特别空间、关键时刻度过一段美妙的时光，提高消费者的品牌认知，加深消费者与品牌的情感关系，促进消费者购买行动，同时推动发展新用户、强化老客户关系。

售点本质上也是一种广告。我在厦门机场发现片仔癀在不同的候机区域开了三个店铺，但客人寥寥无几。一个机场开三家店，单单是为了卖货吗？也许主要目的是做广告。因为店铺就是广告，开三个店铺相当于租了机场的三个广告展位。

类似的案例还有很多，如苹果专卖店，永远开在一个城市最好的路段、最繁华的街区。前几年我发现小米在香港尖沙咀也开了个大大的旗舰店，顾客很少，我想小米就权当在香港的黄金地段做了一个大广告吧。

近些年，线下售点的数字化步伐也在加速，比如扫码已经成为标配，顾客扫码，有时还能获得优惠，对商家来说，不仅促进了产品销售，更重要的是积累了顾客数据。

位于美国贝弗利山的Prada专卖店推出“智能试衣间”，每件衣服上都有RFID（射频识别技术）电子标签，相当于衣服的身份信息。试衣者拿着衣服走进试衣间，系统就会通过射频扫描自动识别衣服的相关信息，并显示在一个可触摸的屏幕——“视频魔镜”上，当试衣者穿好衣服站在魔镜前，魔镜便会缓慢播放试衣者多角度、全方位的试穿效果图像，屏幕还会自动播放模特穿着这件衣服走T台的视频。这面“魔力镜子”还可以拍下试衣者的视频图像，之后通过社交媒体发送给朋友们，他们会对试衣者的新装扮提出看法。

同时，数据会自动上传至Prada总部——每一件衣服在哪个城市、哪个旗舰店、什么时间被拿进试衣间、停留多长时间等，这些数据都被存储起来加以分析。企业相关部门也可以根据这些分析来确定不同地区的人对衣服颜色和款式的接受度，以及判断哪些衣服应该打折。

未来任何一个触点，都会是数字化触点。企业在营销过程中应加入数字化手段，我认为主要价值在两个方面，一是体验，增强用户体验，特别是用户的个性化体验，二是数据，企业可获得用户数据，以更加精准地满足用户的未来需求。

第 6 章

投向哪？（二）

每一个接触点都有自己独特的营销价值。深度理解和把握在每一个接触点如何解决品牌问题的特别能力，是正确选择和使用接触点的基础和前提。

6.1 “苹果”模型

一个苹果和另外一个苹果不一样，本质上是因为种子不一样，种子不同，苹果的形状和果皮的颜色就不一样，味道也就不一样。接触点也是如此，每个接触点都有自己独特的基因，呈现不同的特征，具有不同的营销价值。

我们可以用接触点价值分析“苹果”模型（见图 6-1，启德商学院广告主创新实验室专利技术）分析每一个接触点的营销功效和价值。“果核”代表触点基因，“果肉”代表触点解决品牌问题的能力专长和局限，苹果的外观“果皮和形状”代表触点的主要特征。

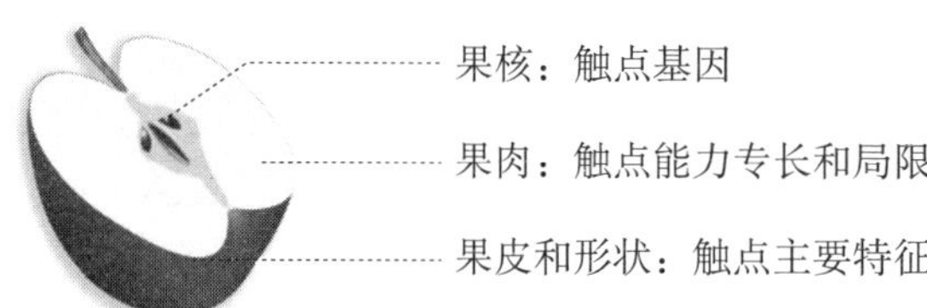

图 6-1　接触点价值分析“苹果”模型

下面我们运用“苹果”模型对企业常用的营销接触点进行专项分析。

比如中央广播电视总台。总台适合什么样的企业投放，企业发展到什么阶段才适合上总台？回答这些问题需要从总台的基因说起。

总台的前身可以追溯到1940年成立的延安新华广播电台。1940年12月30日，中国共产党领导创办的第一座广播电台——延安新华广播电台开始播音，主要任务是紧密配合革命形势，向解放区的人民宣传党的方针、路线、政策，被称为“茫茫黑夜中的灯塔”。可以说，总台从其诞生之日起，就担负着宣传党的方针政策的重大使命，就是全国人民的思想文化阵地，就是政府的喉舌。

总台的基因可以归纳为一句话：国家公共传播平台。理解了这一点，我们再来看总台，就会有不一样的视角和看法，比如《新闻联播》是什么？它看起来是一个汇集国内外新闻的一档节目，本质上是亿万中国人每晚七点准时坐在那里聆听党和国家的声音，学习国家大政方针，感受祖国日新月异的变化。

总台基因决定了总台具有高权威性、高公信力等特征。这是总台的最大优势，也是总台的“源”优势，其他优势由此延伸。

因此，总台赋能品牌的能力专长是背书作用。品牌与总台合作，总台的权威性、公信力自然映射到品牌身上，提升品牌形象，同时为产品销售背书。消费者一般会认为，在总台出现的品牌，产品质量应该更可靠、品质应该更高，应该都是大企业、大品牌，购买这样的品牌更放心。

我在做中央电视台广告部主任的时候，提出“相信品牌的力量”，近些年总台又推出“国家品牌计划”和“品牌强国工程”，本质上都是在强调总台品牌的背书价值。

基于总台的基因和核心特征，总台解决品牌问题的能力主要体现在以下一些营销场景：

一是处于成长期的品牌，这个时候需要新产品推广、新市场拓展，总台不仅可以给予消费者更大的信心支持，也可以给予经销商等合作伙伴更大的信心支持，从而有效推动产品快速打开市场。

二是政府类客户，如国有企业、城市形象等，特别是国字头企业。二者调性一致，气质相符，“门当户对”。

三是特别需要信任支撑的行业品类。如金融保险、医药医疗、保健产品等。

运用“苹果”模型再来分析一下直播电商。

直播电商运用文字、口播、视频等多种表现方式，集合产品说明、现场演示、网络达人、商品促销和销售链接等多种营销手段，承载广告、内容、社交、娱乐等多项营销功能，以现场直播方式介绍、推广和销售产品。可以说，直播电商为产品做了一个能充分展示、详细说明的大大的广告，同时也构建了一个从用户流入到最终用户购买的完整营销闭环。

但我们应特别清楚，直播电商的本质就是商品的一个销售点，或者说是一种销售渠道、销售方式。

直播电商可以看作古老的街头摆摊销售的现代网络直播版，或者电视购物的升级版。街头摆摊销售，一看摊主的吆喝水平，二看东西的成色和价格，大多是进行产品促销。直播带货的营销逻辑也一样，其核心特征是高人气和低价格，能力特长是产品促销。

我们经常在直播电商中听到“全网最低价”这样的字眼，没有低价吸引不了这么多人，但价格没有最低只有更低，这必然导致产品品质的下降，以及品牌的透支。所以在直播电商的产品品类中，白牌占了相当大的比例，因为白牌没有牌子，不怕品牌透支。

与线下商超和京东、天猫等货架电商“人找货”的模式不同，直播电商是“货找人”，通过广泛传播触达大量人群，以充分挖掘市场的潜在需求。

直播电商比较擅长的营销场景主要包括：白牌产品，产品促销、甩货销售，特别需要详细说明、功能演示的产品，新产品试销，专供电商销售的非标产品等。

6.2 传统媒体与互联网媒体

企业在媒体投放的过程中，经常会遇到传统媒体与互联网媒体相比较的问题，这从根本上需要深刻理解二者的不同属性和能力特长。

传统媒体一般指广播、电视、报纸、杂志等，它们具有一元属性，即信息传播属性。传统媒体大都具有政府背景，由政府相关部门或行业协会主管，因此具有较高的权威性和公信力，往往可以为品牌提供信任背书。在传播方式上，是“一对多”单向传播模式，媒体作为传播中心，面向社会大众进行广泛传播，属于中心化传播模式。

互联网媒体具有二元属性，除信息传播属性外，还具有通信属性。大家有没有发现，自从微信出现以后，电话打得少了，短信也发得少了，这说明微信这一新兴媒体已经部分取代了原有的通信方式，这也体现了互联网媒体的通信属性。事实上，由于互联网媒体具有通信属性，微信、QQ 等互联网媒体，与电话、短信、传真、信件等传统通信手段存在竞争关系。

互联网媒体的信息传播属性使媒体实现了人与信息的连接，通信属性使互联网媒体实现了人与人的连接。所以互联网媒体与传统媒体在底层逻辑上的根本不同是，它不仅是信息的传播渠道，还是人与人之间的沟通渠道。

互联网媒体的二元属性使其呈现出不同于传统媒体的两大特征：无边界性和互动性。互联网世界空间无限，用户在互联网媒体上可以跨越时空在任何时候与世界上任何地方的人随时随地连接、交流、互动。互联网媒体的传播方式是以个体为单元的网状连接，是织网式的非中心化传播。

互联网媒体的能力专长之一是长尾市场。互联网可以容纳无限多的产品，可以触及无限多的地方、无限多的人，必将产生无限多的接触机会和交易可能，为任何人和任何产品都提供了无限的机会。我们常说，在互联网上总有一款产品适合你，因为全世界形形色色的人们，存在多种多样的个性化需求，理论上任何一款产品都可能有人需要。

今天我们看到，新疆一个小山村的纸皮核桃通过在网上做直播，真的可以走出大山，面向全球销售。所有产品，无论有没有品牌，无论品牌大小，都可以在互联网上建立自己的传播阵地和销售场所。互联网让每个人成为一个媒体中心，每个人成为一个销售中心，每个人都可以建立自己的一片市场。

对企业来说，互联网平台非常善于挖掘剩余消费者和消费者剩余。剩余消费者是暂时没被品牌挖掘的潜在消费者，利用互联网长尾优势，完全可能触及这些潜在的目标人群，争取让他们成为现实消费者。消费者剩余是现实消费者还没被完全满足的需求，也值得进一步挖掘，互联网平台可以提供无限多的产品，或者采取个性化定制方式，来充分满足这部分消费者的多样化需求和新需求，进一步攫取这部分消费者的全部价值。

表 6-1 是传统媒体与互联网媒体营销价值分析。

表 6–1 传统媒体与互联网媒体营销价值分析

类型	属性	特征	能力特长
传统媒体	信息传播属性	权威性、公信力 中心化传播	信任背书
互联网媒体	信息传播属性 通信属性	无边界、互动性 非中心化传播	长尾市场 剩余消费者和消费者剩余

传统媒体和互联网媒体各有优势、各有所长。在媒体投入决策的过程中，品牌应结合自身情况，科学分配传统媒体和互联网媒体预算的比重，合理使用传统媒体和互联网媒体，争取效益最大化。

目前很多企业在传统媒体的使用上，还陷在一个误区里，就是“广撒网”，追求广告的频次、曝光量，导致投放效益低下。

传统媒体是中心化的大众传播，但除一部分忠诚受众外，大多数人与传统媒体的接触方式都是“点”上的选择型接触。比如很多人看电视，集中在春晚、世界杯、奥运会、两会等一些特定的“点”上，而不是像多年以前那样天天看电视，一看就是好几个小时。

所以，今天品牌使用传统媒体，不能再像之前一样追求高频次、全触达，这样的“饱和打击”只会重复“轰炸”那小部分忠实受众，而需要集中投放目标受众主动“点名”的那些个别内容触点。这将大大节省媒体费用，提高投放效益。

在互联网媒体的使用上，也有一个普遍的误区，就是把新媒体当作传统媒体使用，具体表现为投放大量的广告，如信息流广告、各种内容贴片广告等。

在互联网媒体上投硬广告，不是互联网媒体的优势。因为广告效果不仅看触达多少人，更重要的是需要信任背书，互联网媒体在这方面没有优势，甚至有天然缺陷。投互联网媒体，应重点投在与用户互动、发展和维护用户关系上，投在讲故事、做话题上。

另外，在媒体使用上，互联网媒体后端比较重。这一点与传统媒体显著不同。品牌与传统媒体签订广告播出协议后，媒体负责播出，企业基本上不需要做太多工作。互联网媒体不一样，签订合约后，大量的执行层面的工作，如内容选题、内容创作、用户评论管理、用户互动等等，需要企业投入非常多的人力、花费大量的时间，也需要很高的专业智慧，才有可能获得理想的投放效果。

6.3 三大短视频平台：抖音、快手、视频号

表面上看，抖音、快手、视频号三大短视频平台都是流量型媒体，都拥有大流量，适合各类品牌的各种营销场景。但三者的基因不同，解决品牌问题的能力也各有优势（见表 6-2）。

表 6-2 三大短视频平台营销价值分析

类型	基因	特征	能力专长
抖音	资讯分发平台	流量	公域 更擅长“打知名度”
快手	图片分享平台	流量 + 关系	公域 + 私域 相对均衡
视频号	腾讯社交属性	关系 + 流量	私域 + 公域 更擅长“建关系”

抖音的基因源自字节系的资讯分发平台，主要采取中心化流量分发机制，比较注重头部、热点和精品，大众媒体属性更强。它同时拥有强大的算法推荐机制，其核心特征是具有精准流量的公域媒体，可以帮助品牌快速触达大量目标人群，比较擅长打造品牌知名度。

快手最初是一款动图分享应用，具有私域基因。它采取去中心化流量分发机制，其核心特征是“流量 + 关系”（“流量”在前），不仅有大流量，也是“老铁社区”。快手赋能品牌“公域 + 私域”（“公域”在前），快速触达大量目标用户，同时在一定程度上建立和发展用户关系。

视频号的基因源自腾讯系的社交属性，其核心特征是“关系 + 流量”（“关系”在前），建立和发展关系是其核心特征。视频号赋能品牌“私域 + 公域”（“私域”在前），连接广泛用户、建立用户关系是其能力特长。

综合来看，抖音是“广场流量”，像一个大广场一样，里面什么人都有，可以让一个素人、一个品牌在短期内获得巨大流量，但人与人、人与品牌之间的关系不强，用户黏性较弱，转化率和复购率相对不高。视频号具有较强的私域属性，用户黏性较强，但流量不如抖音大。

当品牌需要快速触达大量人群、建立知名度时，三大媒体平台的一般选择顺序是抖音、快手、视频号。当品牌需要强化用户关系时，按视频号、快手、抖音的顺序进行选择，一般会更加合理。

当然三大短视频平台还有其他方面的一些特点和优势，比如快手在三四线下沉市场和北方市场相对更有优势等。品牌在进行媒体选择和使用时需要综合考量。

6.4 两类关系媒体

一类关系媒体是社交型关系媒体，如微信、QQ 等，其底层逻辑是“人—人”的连接，一般为密切关系者之间的直接连接。用户在这个媒体平台上可以建立和加强人际关系。

另一类关系媒体是社区型关系媒体，如小红书、B 站、微博、豆瓣等。其底层逻辑是“人—内容—人”的连接，大多是陌生用户通过内容载体互相连接。用户在这个媒体平台上可以获得自己需要的信息和群体归属感。

这两类关系媒体的底层信任机制也有所不同，社交型关系媒体是熟人信任机制，社区型关系媒体是没有利益关联的陌生人信任机制。

表 6–3 为两类关系媒体的营销价值分析。

表 6-3 两类关系媒体营销价值分析

类型	属性	连接方式	关系机制	能力专长
微信、QQ 等	社交型关系媒体	人—人	熟人信任机制	偏“重决策”场景
小红书、B 站等	社区型关系媒体	人—内容—人	陌生人信任机制	偏“轻决策”场景

社交型关系媒体相对更擅长“重决策”的营销场景，如购买家电、汽车等耐用消费品，这些媒体可以方便用户与亲朋好友等熟人沟通，听取多方意见。社区型关系媒体一般更擅长“轻决策”的营销场景，如服装、化妆品等日用消费品，用户在进行个人购买决策过程中，可以通过这类媒体获取其他用户的经验，形成决策参考。

6.5 小红书与 B 站

小红书与 B 站都是以内容分享为主的社区型关系媒体，因二者都聚焦“同好人群”，所以都适合做圈层营销。但二者基因不同，能力专长也略有差异，二者营销价值分析见表 6-4。

小红书是以经验分享为主的内容社区。真实用户分享产品购买和使用过程中的心得感受和经验教训，其赋能品牌的关键能力是“用户—用户”营销，现实用户为潜在用户带来产品经验，消除潜在用户疑惑，打消潜在用户疑虑，推动潜在用户转化。

小红书是做“海外购物攻略分享”起家的，最初主要解决用户购买海外化妆品等商品时“如何买得更好”的问题，后来逐渐演变为年轻女性“如何变美”方面的攻略分享，再进一步发展为“如何让生活更好”的生活方式攻略分享，产品也从美妆行业拓展到多个品类。小红书基因决定了其相对更擅长生活方式类产品的营销。

表 6–4　小红书与 B 站营销价值分析

类型	缘起	特征	能力专长
小红书	海外购物攻略网站	经验分享	偏生活方式类产品
B 站	动漫内容分享网站	知识分享	偏深度说明的营销场景

B 站是以知识分享为主的内容社区。B 站最早是一个 ACG（动画、漫画、游戏）内容创作与分享的视频网站，B 站的本质属性是知识分享，相对更擅长需要说明产品成分、功能等深度信息的营销场景，如针对成分党进行产品详细说明，或者需要产品“拆机测验”演示时。

6.6　货架电商与媒体电商

电商平台可分为两大类。

一类是京东、淘宝、天猫、拼多多等，这类电商平台本质是“商店”，是产品的线上店铺。虽然它们也做短视频等内容，也有很大流量，具有一些媒体特征，但还是“商店”，一般称之为“货架电商”。消费者进入这类电商平台，大都带着买东西的目的，很多时候已经明确了购买产品的品类甚至品牌。消费者是来“逛商店”的，是“人找货”。

另一类是一些互联网媒体平台开通的电商业务，如抖音电商、快手电商、小红书电商等，这类电商平台属于“媒体电商”，本质上还是“媒体”。消费者来到这些平台，大都是来“逛内容”的，是为了获取自己感兴趣的内容信息，并没有明确的产品购买意向，只有在内容信息的诱发下，才可能产生随机购买，是“货找人”。媒体电商平台进一步挖掘和释放了消费者的潜在需求，为品牌带来了新的销售机会和渠道。

两种电商营销价值分析见表6–5。

表6–5 货架电商与媒体电商营销价值分析

类型	基因	特征	能力专长
京东、淘宝、天猫、拼多多等货架电商	电商	“逛商店”	屏幕美学 “就在这儿买”
抖音电商、快手电商等媒体电商	媒体	“逛内容”	内容激发 “即刻冲动买”

对于“货架电商”来说，让来“逛商店”的顾客“就在这儿买”是营销的关键。店铺的位置和商品陈列等都非常重要。花钱买流量是为了获得一个更加醒目的店铺位置，同时运用屏幕美学展示产品，触动消费者屏幕决策、点击下单，也非常重要。

对于“媒体电商”来说，营销的关键是让来“逛内容”的媒体用户产生购买冲动。内容如何让用户心动，激发他们的潜在购买欲望，让他们即刻产生购买行动是非常重要的。

6.7 户外媒体

户外媒体暴露在广阔的户外环境中，它本质上是环境的一部分。好的户外媒体，一定是镶嵌在建筑物上、是与建筑融为一体的一部分。好的户外媒体也应该是街道的一部分，是社区的一部分，更是城市的一部分。

户外是一个广阔的空间，信息繁杂，受众在很多时候也处于移动状态，因为户外媒体常常被默认为环境的一部分，所以很容易淹没在户外的信息海洋中，不太容易获得受众的关注。户外媒体被称作“一秒钟媒体”，人们在户外一般不会刻意接触户外媒体，常常是无意中掠过，时间很短，在这短暂的一瞥中，只有对那些特别醒目的、自己感兴趣的信息，才会注目停留。

户外媒体解决品牌问题的能力专长主要体现在两个方面：

一是品牌提醒。户外媒体可以看作品牌展示平台。在广阔的户外空间中展示品牌形象，提醒人们记住品牌名称和品牌符号。同时，户外媒体还具有天然的“位置指引”功能，比如有的户外媒体打出“向右 100 米，××品牌专卖店，半价优惠”等信息，这也是一种品牌信息提醒。

二是高度精准。户外媒体是地理位置媒体，可以精准触达某一特定地理区域的人群，在精确的位置针对精确的人传达精确的信息。随着数字技术的发展，可以在户外数字媒体中内置时间、日期、天气、交通或新闻等信息，再辅以识别技术和 LBS 定位技术，可以实现目标人群与户外媒体内容的联动，大大提高受众的关注度和参与度。

如何提高户外媒体投入效益，主要从以下几个方面入手：

1. 信息不能太多

户外媒体的大忌是内容信息太多。户外媒体是“一秒钟媒体”，信息越简单越有可能引起关注，内容太多，信息解码困难，只会被受众放弃，马上略过。

一般来说，户外广告的内容呈现遵循“1+1”原则，即一个品牌名称加一个关键品牌符号。品牌名称和标识是必须展示的元素，然后根据媒体版面空间情况考虑是否再增加一个关键品牌符号，如一句广告口号、品牌代言人形象或一句促销语等。

2. 多用地理位置指引

前面已经提到，户外媒体可以提供地理位置信息，进行路线指引，引流入店，直接产生销售作用。

3. 选择有服务功能的户外媒体

比如有的户外 LED 媒体的上半部分被改造成钟表画面，能让人们时不时抬头观看时间信息的同时，增加对广告的关注，从而提高媒体价值。再比如高铁站候车大厅中最有价值的广告位置并不是最大的 LED 屏幕，而是面积可能并不大的车次信息显示屏，因为从乘客的角度看，它是功能性触点，很多乘客驻足观看车次信息时，也会注意屏幕上的广告。候车厅里没有内容信息的其他媒体充其量只是一个流量媒体。

4. 充分发挥户外媒体创意空间

广阔的户外空间为户外媒体广告创作提供了天然“画布”，为品牌创造全新的展示形式和消费者沟通方式提供了无限的机会。户外媒体具有最大的创意空间和互动空间。最具创意的广告中有相当一部分来自户外媒体。

户外媒体在很多时候可以创造便于用户行动的机会，成为“行动媒体”。现在户外海报已经可以配置近场通信技术 NFC（Near Field Communication），用户通过自己的手机贴近这些带有 NFC 技术的海报，就可以免费下载歌曲、故事和视频等内容，与品牌进行沟通互动。

6.8 一般广告与主题广告

我们曾为一家大型金融保险企业提供服务，他们准备在央视四套投放广告，但不能确定选择多个广告时段的组合套装还是“整点报时”项目。

我们推荐企业做“整点报时”，并做了如下分析：

属性契合：“报时”意味着精确、严谨和可靠。金融保险品牌需要客户的高度信任，报时广告的资源属性与其行业属性天然契合。

形象契合：整点报时是含金量最高的媒体广告资源，是“皇冠上的明珠”，能够彰显和提升企业作为行业领导品牌的形象。

主题契合：报时主题与品牌价值主张“幸福在家”天然接近，具有很大的创意表达空间，如广告语可以定为“此时此刻，幸福在家”。

成本比较：通过中央电视台《新闻联播》报时广告招标价格与节目前倒一时段广告价格的比较，得出报时广告价值是时段广告的 2.5～3.5 倍。“整点报时”比时段广告更具成本优势。

广告大致分为一般广告和主题广告两大类。一般广告，纯粹是品牌的广告信息。主题广告，指品牌借助某些内容主题进行广告宣传，如品牌赞助奥运会、博鳌论坛等重大社会事件，或者品牌与媒体 IP 资源捆绑推出的各种主题广告，如媒体合作伙伴、频道赞助、节目冠名或特约播出赞助、整点报时等广告形式。

一般来说，主题广告效果会更好一些，但价格也相对较高。那主题广告的价值高在哪里，高多少，如何进行两种广告的价值评估呢？

这要回到这两种广告形式的本质属性来分析。一般广告，本质就是广告，而主题广告依托于内容，是内容的一部分，其本质是内容。

主题广告具有复合价值，具体可分为两个层面：

一个层面是主题广告所处时段的“流量”价值。这个时间段有多少流量，触达了多少人，价格是多少，据此可以换算得出点成本、千人成本等。这个层面的广告流量价值是主题广告价值的低阶部分。另一个层面是主题的“内容”价值。内容主题的内涵、独占性和社会影响力为品牌带来更高的附加价值。这是主题广告价值的高阶部分。

从前面金融保险品牌的案例可以看出,《新闻联播》整点报时广告和节目前倒一时段广告，广告播出位置相近,“流量”价值相差无几，但价格差好几倍，高出的部分就是整点报时主题带来的附加价值。

企业在分析一般广告和主题广告时，需要科学评估。时段广告只具有“时段”产生的流量价值，而主题广告具备广告“流量”和主题“内容”叠加的复合价值，其中主题“内容”带来的高阶价值，远远高出广告“流量”价值，这形成了二者巨大的价值差异。

第 7 章

如何说?

7.1 北京三里屯“竹叶青”广告

有一天，我经过北京三里屯，发现马路旁的灯箱上有一则竹叶青的广告，绿色的画面底色上写着“竹叶青，向健康出发”几个大字。

竹叶青是汾酒集团旗下的一个主打健康功效的老品牌。前段时间聚餐，一位朋友还说起他当年拎着两瓶竹叶青见老丈人的场景，他爱人当时也在场，他们的眼睛里有满满的爱意和对青春的回忆。

这样一个老品牌如何复苏，如何与今天的消费者沟通？首先要明确“对谁说”，找准目标人群，也许中老年人是目前最容易突破的目标人群，他们对竹叶青有品牌认知基础和情感记忆。其次是与他们“说什么”“怎么说”，也许从情感出发，与目标人群进行情感沟通，为他们创造情感价值，让他们多讲讲自己年轻时与竹叶青的故事，是一个有效的沟通方式。

我把这则广告拍下来发了一条微信朋友圈，结果很多朋友看了以后都谈起自己年轻时与竹叶青有关的点点滴滴：“竹叶青闻起来有药香，香气很独特，至今让人印象深刻”“小时候村里有个卖货的老人叫张之，80 多岁了，腰弯如弓，卖的江米球一分钱一个，最爱喝竹叶青，但他叫不准，每次去供销社时都说给他来瓶‘竹竿青’”“这广告一看就是小年轻做的。也说明我们老啦”等等。对四五十岁及以上的人来说，很多人都有一个关于竹叶青的故事，在纷纷感慨老了的同时，甜蜜地回味着自己的青春时光。

有着这么多丰富情感记忆的竹叶青品牌，选择在年轻人聚集的三里屯，说着“向健康出发”这么空洞的话，怎么可能去唤醒那些沉默的真正的目标消费者?

7.2 让消费者记得“你是谁”

与消费者沟通，就像认识一位新朋友，可能最基本也最重要的是两个方面，一是让人记得你是谁，二是让人知道你能帮他做什么。

很多品牌与消费者的沟通，更多的是在说“我是谁”，我有多牛、多厉害。但“我是谁”不重要，关键是让消费者记得“你是谁”。

现在的企业和品牌同质化程度很强，普遍没有个性。让消费者记得“你是谁”，关键是要体现差异化，不仅要具有外在的差异化特征，还要具有内在的差异化价值。在与消费者接触和沟通的过程中，只有充分体现品牌的独特价值和个性，才容易被消费者在繁杂的品牌世界中认出来，才容易让客户记住“你是谁”。

要让消费者知道你是谁，并且能记住你，其实不是一件容易的事。首先名字要尽可能个性化，其次要有鲜明的品牌符号。

就像一个人一样，名字是第一符号。一个个性化的品牌名字，才容易在茫茫人海中凸显出来，才容易被人记住。

宝洁公司的“象牙香皂”是一个容易让人记住的名字。据说名字的由来是企业创始人在做礼拜时，听到有人吟诵了一句“来自象牙宫的，所有的衣物都沾满了沁人心脾的气息”，一下子把他给点亮了，他喜出望外：“对，象牙，洁白，还有沁人心脾的清香，我们的肥皂就是这样。”就这样，“象牙肥皂”这个名字很快传遍美国，享誉世界。

高端化妆品品牌 SK-Ⅱ护肤精华露内含独一无二的专利成分 Pitera，令肌肤晶莹剔透，被誉为“holy water”（神仙水），“神仙水”是一个很棒的名字！不仅一下子让人记住了，还说出了产品的独特功效。

很多人说起厦门航空，都会提到厦航飞机落地时的音乐广播和播报语“人生路漫漫，白鹭常相伴，厦门航空欢迎您”，这已经成为厦航一个鲜明的品牌符号。

鲜明的品牌符号可以让消费者更容易认出你、记住你。品牌符号可以是品牌吉祥物、广告口号，也可以是品牌的一段旋律、一个故事，还可以是企业的创始人、品牌代言人，或者企业的代表性建筑物等。

比如麦当劳的拱形门、肯德基的山德士上校。比如“农夫山泉有点甜”“劲酒虽好，可不要贪杯哟”等广告口号，经过多年传播，也已经内化为品牌符号。每个城市也可以找到自己的品牌符号，比如北京的长城、故宫，洛阳的牡丹等。

音乐在提高识别度、记忆度和传播效率方面具有天然优势，有些品牌巧妙运用广告歌，把品牌内涵植入到歌词和旋律中，打造成鲜明的品牌符号。

香港嘉顿公司生产的“生命面包”，在香港被称为“国民面包”。它靠一首广告歌——《生命之曲》被香港市民广泛接受。这首歌由林子祥演唱，歌中唱到“生命生命这好家伙/何时我也说它不错/燃亮我/是它是它给我光阴和灵魂/是它是它给我双亲和情人/是它是它给我知己和良朋/是它是它给我天空和浮云/还让我去印下脚印/让我听宇宙声韵/让我认识许多个好人、奇人、能人、同途人，和无穷难忘时辰、柔和斜阳、朦胧凌晨……”，歌中的“生命”，指人的生命，也指“生命面包”，一语双关。这是一首触动人们去感悟生命、思考生命的歌曲，也是一首品牌歌曲。随着歌曲的广为传唱，“生命面包”也享誉香港。

一个可传颂的品牌故事，也可以成为个性化的品牌符号。

依云水的发现据说颇具传奇色彩。1789年夏天，一个法国贵族不幸患上了肾结石，难以治愈。当时正流行喝矿泉水，他就决定试一试运气。有一次，他来到阿尔卑斯山下的依云镇，饮用了当地的泉水，并坚持饮用了一段时间，不久竟发现自己的肾结石奇迹般痊愈了。

这件奇闻迅速不胫而走，专家们随后做了专门分析，发现这儿的水富含各种对人体有益的矿物质，用科学事实证明了依云水的疗效，甚至有当地的医生将依云水作为药品使用。之后，人们蜂拥而至，都想亲身感受一下依云水的神奇作用，连拿破仑三世也慕名而来，喜欢上这种神奇之水，据说，依云水的名字就是拿破仑三世赐予的。依云水一时之间声名大噪，声名远扬，价格也随之大涨。

7.3 让消费者知道“你能帮他做什么”

想要触动消费者，只让他知道你是谁还不够，关键是要让他清楚你能帮他做什么，即你的价值是什么。

跟消费者说什么？重点说价值。

说价值，说的不是产品价值，而是消费者价值，是产品带给消费者的价值。价值不是企业侧、产品侧的概念，而是市场侧、消费者侧的概念。重要的不是告诉消费者“我能做什么”，关键是让他知道“你能帮他做什么”。

严格说，“产品利益点”是一个不严谨的概念，准确的说法是“消费者利益点”。比如高校招生广告，重点不是讲学校环境如何漂亮，有多少教授、院士，图书馆藏书多少万册等等，而要重点讲来这读书能对考生有什么帮助、带来什么价值，经过几年学习考生会成长成什么样子？2018 年清华大学招生宣传片《毕业答卷》，通过展示学生在校几年的巨大变化，告诉考生清华可以给他们的人生带来什么改变。

说价值，关键要说差异化价值。重点向消费者传递品牌不可替代的独特价值，这样才有竞争力。比如，调研发现，消费者最看重柑橘汁的是“味道”，但这是一个大多数同类品牌都会强调的价值点，后来进一步深挖，发现消费者本质想要的是“新鲜”，这一差异化价值，真正抓住了消费者的核心利益。

具体来说，主要围绕三个方面的价值跟消费者沟通。

1. 功效价值

首先是功效价值，主要体现在产品能帮助消费者解决哪些功能方面的问题。比如，洗衣机可以帮助人们洗衣更省力，洗得也更干净。任何产品都具备某方面的功效价值，这是品牌在产品层面的基础价值。

足力健老年鞋的广告，通篇都在对老年朋友讲产品的功效，老年人最怕捂脚，足力健强调说能透气，还提到不用弯腰，一蹬就穿上了等等，强调穿起来方便，因为老年消费者非常看重鞋子的这些功能。

对于某些品类来说，必须讲清楚产品的功效价值，因为消费者买的就是功效。比如王老吉，作为南方的一种避暑饮料，当开拓全国市场时，打出“怕上火，喝王老吉”的口号，配上“吃火锅”“加班熬夜”等容易上火的产品消费场景，强调“有效预防上火”的产品功效。

我在香港机场看到过“特快灵”药品的一则户外广告。广告画面左边的人脖子处有一棵硕大的仙人掌，旁边的文字是“喉咙刺痛”，右边是药品包装，配上文字“有效击退感染”。这则广告直观而鲜明地表达了产品的功效价值。

近几年，产品的功效价值有一股回归的趋势。现在消费者越来越理性，越来越追求产品的实用性，希望以更低的价格买到更优质的商品，年轻人也开始精打细算，看重实际需求，他们更关注产品的实际用途、性价比等因素。产品的功效价值自然成为与消费者沟通的一个重要内容。

2. 情感价值

我在厦门大学校门口曾见过一个卖冰棍的老奶奶，她戴着斗笠，蹲在地上，面前放着一个老式的木制冰棍箱，箱子上写着“一根老冰棍儿，儿时的味道”。这种场景让我想起自己小时候买冰棍的情景，所以马上走上前去，买了一根。

在学校门口，面对众多师生，这样的一句话、这样一幅场景，相信一定会勾起很多人的儿时回忆，会让他们想起自己的家乡和亲人。买一根冰棍，满足了这些在异地求学的莘莘学子的思乡之情。

我当时就想，这位老人很懂营销。卖的冰棍都一样，很难做出差异化，但是在大学校门口这样一个营销场景，针对这些离开家乡的大学师生，能触动他们的可能不仅仅是冰棍能解渴、好吃等产品功效，对他们进行情感诉求，创造情感价值，可能更能打动这些目标消费者。所以，她没有大声叫卖冰棍多甜多好吃，而是安静地坐在那儿，以一句打动人心的广告语和一个场景构建，自然吸引了不少人主动过去购买。

情感价值，主要体现在品牌赋能消费者情绪和情感方面的价值。

有些行业产品同质化程度严重，功效价值很难差异化，这就需要从情感角度进行突破，挖掘品牌在情感价值方面的差异。比如洗衣粉产品去污能力都很强，很难形成差异化，雕牌推出“妈妈，我能帮您干活了”经典广告，以孩子的口吻，触动无数妈妈的内心，取得很好的营销效果。

在某些特定的时刻，适合打情感牌，与消费者进行情感沟通。

比如春节是一年中最重要的营销时机之一。我们发现，很多企业投入巨额广告费做春节营销，但大都是一幅幅空洞的贺年广告，广告上代言人穿着大红的衣服拱手作揖，配的文字大都是“新年大吉”“贺春送福”这类的吉祥话语，让人很难记得住哪些品牌做了贺年广告。

2023 年的圣诞节，英国航空公司推出了一系列“手写信”广告，触动了很多人的情感神经。看到这样的广告，很多人想家了，对英航的感情也进一步加深了。

迪士尼曾经发布过一则圣诞广告，名为 *A Wish for the Holidays*，展现了不同国家和语言的家庭在圣诞假期与亲人团聚的温馨画面，冰雪、圣诞树、霓虹灯、动人的音乐，这些唯美的画面、和谐美满的氛围，契合着迪士尼一贯的风格，呼应着品牌主题：愿你梦想成真。

圣诞之于西方，春节之于国人，都意味着亲人的团聚和新一年的开始。那时，人们心底里涌动着一缕柔软的温情，一股开启新生活的无限憧憬，一份发自内心的浓厚喜悦。节日营销应该抓住人们心底的这种情感，触动消费者的心智按钮，触发他们的购买行动。

3. 精神价值

现在我们看到越来越多的品牌，都在寻找精神层面的价值主张，比如 Keep 将品牌口号定为“自律给我自由”，就是希望与消费者产生价值观认同和精神共鸣。

2008 年，LV 在中国投放了第一支电视广告《人生是一场旅行》。舒缓的音乐，配着低沉的男中音解说“为什么去旅行？旅行不是一次出行，也不是一个假期。旅行是一个过程、一次发现，是一个自我发现的过程。真正的旅行让我们直面自我，旅行不仅让我们看到世界，更让我们看到自己在其中的位置。究竟是我们创造了旅行，还是旅行造就了我们？生命本身就是一场旅行，生命将引你去向何方？”

在这则广告中，旅行被视为生命的过程，在旅行中找回自己，重新发现生命的价值，而伴随生命一起行走的是具有卓越品质的 LV 旅行箱包等产品。这就是 LV 围绕生命主题的旅行哲学。LV 深刻知道，随着社会高速发展，人们拥有越来越丰富的物质生活，却也成为精神世界的贫民。重新探寻生命的意义，提高精神生活质量，成为大多数现代人内心深处的渴望。LV 这支广告一经推出，就与消费者产生了强大的精神共鸣。

7.4 如何挖掘价值

“FAB”是一个非常实用的价值挖掘工具。其中 F（Feature）特质和特点，是品牌的本质特性，是与其他品牌的根本差异，A（Advantage）优势，是品牌基于自身特质形成的相对于竞争品牌的比较优势，B（Benefit）利益，是品牌为消费者及其他各方创造的利益和价值。从“F”到“A”到“B”，是层层递进的，基于“特质”生长出“优势”，再在“优势”之上生长出“价值”。

我们运用“FAB”工具来分析潘婷洗发水的一则广告：

> 潘婷的所有洗护发系列产品均富含Pro-V维他命原B5，为每根发丝涂上滋润保护膜，有效保护头发毛鳞片，由发根浸透到发间，有助维护受损发丝，给秀发提供强韧保护，避免发丝受损，令头发分外健康，加倍亮泽！
>
> 全新升级潘婷让Pro-V与蚕丝蛋白完美交融，更为秀发启动革命性的恒久健康之美。从此，告别分叉发梢，抛开发丝烦扰，感受秀发之美。
>
> 秀发健康恒久之美，新潘婷为你守护！潘婷，就是这样自信！

在这则广告中，前两段的前半部分在讲潘婷产品的特点和优势，如“富含Pro-V维他命原B5”“Pro-V与蚕丝蛋白完美交融”等，后半部分在讲产品的功效价值，如“避免发丝受损”“加倍亮泽”“告别分叉发梢”等，最后一段点明品牌给消费者带来的精神价值：“潘婷，就是这样自信”。

“FAB”工具不仅能应用在企业营销过程中，还可以广泛使用在生活中。

在中国人民大学每学期“广告主研究”的第一堂课上，我都会和同学们互相做自我介绍。

我一般会用三句话介绍自己：我是一名来自业界的老师；我有丰富的行业实战经验；我可以教大家更多一线实战的知识、技能和素养，帮助大家走上工作岗位后更快上手，事业得到更好发展。

接着大家逐一做自我介绍。同学们一般都会介绍自己来自哪个学院、哪个专业，是哪里人，自己的兴趣爱好是什么等等。

接下来，我会结合我的自我介绍，告诉大家如何运用“FAB”工具更好地介绍自己：

第一句“我是一名来自业界的老师”，是讲自己的特质和特点（F），是自己与其他大多数老师的最大不同；第二句“我有丰富的行业实战经验”，是讲自己的优势（A）；第三句“我可以教大家更多一线实战的知识、技能和素养，帮助大家走上工作岗位后更快上手，事业得到更好发展”，是讲我可以给大家带来的独特价值（B）。

讲解完“FAB”方法后，我会请大家再做一遍自我介绍。有一个同学说：“我来自云南，我们班只有我一个人是云南的，我对云南的企业比较了解，我可以联系云南白药的广告负责人来我们课堂，介绍他们企业的广告管理经验。”说得多好！这就是一次成功的自我介绍，他重点强调了自己的独特价值，让大家都记住了这位来自云南的同学。

在实际操作过程中，价值挖掘的路径不是从企业端开始，顺着产品方向来挖，而是反向从消费者端开始，一步一步深挖。具体可分四步：

第一步，找到消费者购买此类产品的关键理由是什么，不买的主要理由又是什么；

第二步，反观企业内部，分析企业在产品、技术、财力等方面能否支撑和实现这些理由；

第三步，内外结合，提炼出满足消费者关键购买理由同时又符合企业特质、优势的价值点；

第四步：把价值点包装成消费者语言，同时倒推企业在各个环节应如何改进完善、不断强化这些价值点。

下面我结合自己的亲身经历，介绍一下中央电视台广告部提出“相信品牌的力量”这句品牌口号的台前幕后的故事。

中央电视台本身也是品牌主，也需要做广告、做营销、做品牌，也需要挖掘自己的品牌价值主张。

21 世纪初，经济比较活跃，很多企业都在谋求大发展、快速发展，中央电视台广告部推出品牌口号“心有多大，舞台就有多大”，这一品牌口号契合了企业追求跨越式发展的时代大潮，激发了不少企业来央视投放广告。

2005 年我担任央视广告部主任后，台领导明确要求提出一个新的品牌口号，体现出更加务实理性、更加注重与广告客户长远合作的经营理念。

当时，企业有打品牌的需求。2004 年国家提出品牌战略，企业的品牌意识空前高涨，中央电视台在广告客户的品牌建设方面发挥的作用也得到了企业的极大认可，很多企业在中央电视台做广告其中一个主要目的就是打造品牌。同时，中央电视台当时也提出“媒体品牌化、栏目个性化和节目精品化”的品牌化发展战略。“品牌”成为中央电视台与广告客户的共同话题和共同追求。“相信品牌的力量”，既是相信中央电视台品牌的力量，也是相信企业品牌的力量，中央电视台愿意与有品牌梦想的企业共同携手，共同实现品牌梦想。

7.5 一句话说透价值

如果能把品牌给予消费者的独特价值提炼成一句通俗易懂的话，那么消费者就更容易记住，品牌价值也更容易传播开来。这句话的专业术语就叫“品牌价值主张”，俗称“品牌口号”。

品牌价值主张首先是越单一越好，要聚焦品牌为消费者创造的独特的、不可替代的核心价值，这样才有渗透力；其次是要“翻译”成消费者语言，简单、朗朗上口，这样才有传播力。

比如“怕上火喝王老吉”，一句大白话说出了王老吉带给消费者的核心价值：“预防上火”。

还有特别关键的一点是，品牌价值主张一定要说透，要把价值结果充分说出来，这样才有穿透力。比如，在火车上端着一碗刚泡好的方便面在拥挤的过道上走，如果你只说“请让一让”，可能没几个人会及时让路，但如果说“小心烫，请让一让”，可能大家会马上避开，以为你把不让路的结果说出来了，所以效果立马不一样。

再如，假设你想换一个新发型，走进一家理发店，告诉理发师想选一种适合自己的发型，这时理发师常常会拿来一本厚厚的发型册子，里面有模特的各种发型图片，然后理发师和你商量，是这个样式吗，是那个样式吗，最后你找到了一款自己心目中的发型样式。理发师拿出这本发型册子，其实是想让你看到自己理发后的样子，看到“价值结果”，你就会下决心在这家店消费了。

我在地铁上曾经看到某生发产品的广告为：“用××，换份好工作”。这家企业很清楚地说出用了它的产品可以生发，但这还不是消费者最终要的，消费者最终要的是“生发”给他带来的价值结果，比如帮他换一份好工作等。这样的品牌口号直接而彻底，“杀伤力”极强。

品牌口号就应该这样，说价值还不够，一定要把价值结果喊出来。

前几年中国劲酒进行品牌焕新，提出“923”免疫调节组合，即 9 味草本精华、2 大核心技术、3 类活性成分，在此基础上推出新的品牌价值主张：“给生活加把劲”，这句话既体现了产品的健康功效，让身体更有“劲”，也表达了品牌积极进取、努力拼搏的精神内涵，让人精神上更有“劲”。

我们曾经给企业提出过如下建议：

第一，“923”，对大多数消费者来说比较难懂，建议换成消费者听得懂、记得住的语言，如“唤醒”因子，更加清楚地告诉消费者，劲酒产品可以唤醒、激活身体每一个细胞，为身体提供源源不断的能量，有助于重新恢复体能。

第二，“给生活加把劲”，没有说透品牌价值，感觉好像说了一半，不解渴，“加把劲”后，到底能给消费者带来什么价值、带来哪些改变？我们提出品牌需要把带给消费者的价值结果充分、彻底地表达出来，让消费者更加清晰地感知到品牌的价值。我们提出品牌口号可以围绕“光彩”进行创意提炼，因为“光彩”是价值结果，可以体现因为劲酒激活细胞能量，人脸上更有光彩，精神更焕发，生活更光彩，人生也更光彩，比如改为“每天喝劲酒，光彩自然有”。

启德商学院旗下的研究机构广告主创新实验室最初的品牌口号是“让营销更科学”。前段时间，我们觉得这句话只是说了过程，没有呈现出价值结果，“更科学”最终到底帮助客户解决了什么问题，给他们带来什么价值？我们集思广益，提出新的品牌口号：“让您的每一分钱花得值”。

7.6 多说消费者，多让消费者说

在消费者旅程的每一个接触点上，品牌与消费者的沟通应该如同朋友聊天。双方相遇在一个特定的时间空间场景里，在共怀期待的开放心境下，开启一场轻松自然、真诚友好的对话交流。双方交流的主题和内容应该围绕消费者的需要展开，过程也应该是消费者主导的。交流应该是自然流畅、同频共振的，在和谐愉悦的沟通过程中，消费者与品牌进行价值互换，共同推进消费者旅程的进展。

主角永远是消费者。在消费者沟通过程中，要尽可能让消费者说，说他的困惑、他的需求、他的感受、他的解决办法和创新想法、他的意见等。品牌是配角，少谈自己，少说企业、产品，多听、多感受消费者的喜怒哀乐、所思所想，多思考如何真正理解消费者、赋能消费者。

以高校招生广告为例，学生是主角，高校是配角。所以，应多让学生说，学校尽量少说。应多说学生的事，少说学校的事。

第一，请考生说。寻找典型考生代表"现身说法"，阐述他们为何选择学校。这将对处于同样选择情境下的其他考生产生强烈的示范作用和号召力。

第二，请在校生说。让目标考生看到自己的大学生活是什么样子的，获得间接式的大学生活体验，激发兴趣，打消疑虑。清华大学招生宣传片《毕业答卷》展示了学生在校几年的巨大变化，告诉考生清华可以给人生带来什么改变。

第三，请知名校友说。这些走向社会取得成就的知名校友是学校的免费代言人。通过这些校友，目标考生会看到自己未来的样子，会想象自己未来的锦绣前程，这将大大激发考生报考的意愿。复旦招生宣传片《复旦 你的选择》中展示了与复旦有关的名人、校友等。

高校本质上提供的是无形的教育服务。无形服务产品如何有形化是无形产品的一大策略。"请在校生说"和"请知名校友说"，让目标考生可以"看到自己未来的样子"，实现了高校教育服务产品的可视化表达，将大大提高目标考生的"品牌体验"，增强他们的报考意愿。

 内容营销秘诀

大多数企业做内容营销，都是想方设法、挖空心思把产品推广

信息“巧妙”植入内容中，达到推销的目的。经常看到一些文章，觉得标题不错，读起来前面内容也挺好，看到最后，发现原来是广告，“图穷匕见”，用户不仅跑了，还可能对品牌产生反感。这是传统的内容营销方式，是用做广告的思路来做内容。

真正的内容营销如何做，内容营销的秘诀是什么？米其林和约翰迪尔公司给我们上了很好的一课。

米其林是一家法国汽车轮胎制造商。100 多年前，欧洲上流社会非常流行家庭汽车旅行，于是米其林推出一本小册子《米其林指南》，内容主要是对驾驶者进行路线指引，告诉他们开车旅行时沿途有哪些餐厅、加油站、汽车维修点、旅行景点，以及如何更换轮胎等。这本手册在修理厂和轮胎经销店免费发放，成为很多人必备的汽车旅行宝典。

这本手册完全是一份旅行生活指南，没有任何推销米其林轮胎的内容，没有介绍米其林轮胎的文章，更没有广告，但是它为米其林赢得了大量的用户。

发展到今天，《米其林指南》已经成为旅行及美食爱好者心中的宝典，每年在全球举行盛大的发行仪式。米其林轮胎不仅成为高端品牌，米其林还成为高端餐厅的代名词和行业标准的制定者。

无独有偶。美国约翰迪尔公司是一家生产销售农具的企业，他们早在 1895 年就推出了《耕耘》杂志，一直专注于教授农民如何掌握最新的农业技术，帮助他们发展农场和企业，杂志只有极少数文章提及公司的产品和服务，也是在用户需要这些信息的时候才会提到。时至今日，这本杂志仍以14种语言向40个国家发行纸质版和电子版，而这家企业在农业领域保持全球领先。

这就是内容营销的秘诀：不为推广销售，只为获得用户。

做内容，就做纯粹的内容，不要掺杂产品推广、促销等任何商业信息，只为用户提供他们需要的内容，最终获得用户。获得用户之后，客户的沟通和运营由其他营销部门去完成。

目前大多数企业做内容还是为了推广产品，“内容—产品推广销售”，这是传统的内容营销方式，是内容营销1.0阶段。内容营销2.0阶段是“内容—用户—产品推广销售”，做内容只为获得用户，获得用户之后再做产品推广销售。

这两个阶段不只是一个简单的递进，本质上是两种截然不同的营销思维。1.0阶段是传统营销思维，是向消费者“推销”产品，2.0阶段是新营销思维，是从消费者出发，为消费者创造价值。

目前有不少企业对内容营销寄予太高期望。内容营销不是万能的，不要赋予内容营销过多的职责。

内容营销是为用户提供他们需要的信息，争取获得用户，这是内容营销唯一的营销职能和工作任务。这一任务相当重要，用户是企业之本，有了用户，一切就都有可能。同时这一任务相当繁重，是一项极具挑战性的专项工作，必须专心致志、心无旁骛，才有可能做好。

品牌传播、产品推广、用户运营甚至销售转化等，都不是内容营销的职责范畴，那是其他营销环节需要承担的职责。营销是一个系统，需要各个营销动作各负其责、协同工作，才能实现营销效益最大化。

第 8 章

如何投得值?（一）

8.1 一则高速公路广告

一家主营健康产品的集团企业推出一款高端白酒，产品中含有一些有益于健康的中药成分，主打健康概念。产品上市不久，选择在横跨高速公路的天桥横栏做了一幅喷绘广告。企业认为这种广告直冲司机视野，效果好，而且媒体价格也不高。

这类媒体的确会强制过往司机注意，但“看到”等于“买到”吗，看到广告的司机会对这个品牌产生怎样的印象，他们会认为这是一个高端品牌吗，又会有几个人想去买这个产品？

选择这样的媒体，对一个主打健康概念的高端白酒品牌来说合适吗？

首先是品类不符。酒类产品与高速公路媒体天生不符。一般人都会这么想，高速公路上安全最重要，喝酒不开车，开车不喝酒，所以酒类产品特别是白酒，不适合在高速公路媒体上做广告。

其次是形象不符。这样的媒体是相对低端的媒体，这样的广告属于拦截式广告，对受众不友好。这些都不符合品牌主打的健康内涵和高端定位，也与主打健康理念的企业形象不符。

这样的广告做下来，可能的结果是，打了个知名度，却留下个不太好的印象，可能不是为品牌加分，而是减分。

类似的情况在现实中很普遍。很多企业老觉得营销预算很紧张、不够花，但同时也在进行大量的低效、无效甚至负效的投入。

事实上，大多数企业在媒体投入和营销投入上都有很大的降本增效空间。

有限的预算，如何投得更准、花得更值？这是所有企业的共同诉求。

8.2 普遍误区

企业在营销投入上的误区大概体现在以下几个方面。

1. 误区一："掩耳盗铃"——按经验和惯性做营销规划

有些企业在制定新年度营销规划或做项目计划时，不去重新审视市场的新变化、洞察消费者的新需求，只是根据过往的自我经验，想当然地在之前的计划上加加减减，"缝缝补补又一年"。凭经验、拍脑袋，不去倾听市场的声音和消费者的需求，搞不清问题出在哪里，更不清楚应该从哪些地方提高效益。这种情况无异于"掩耳盗铃"。

2. 误区二："盲人摸象"——不做整体规划，就先确定具体项目

也有不少企业在做营销规划时，往往着眼于一个一个具体的媒体或者营销项目，分别进行单独考量分析，然后把各个具体项目再堆砌成整体营销规划，A 项目预算 + B 项目预算 + C 项目预算 + …… = 营销总预算。

这样的操作，最大的问题是没有考虑单一项目是否符合整体策略，只见个体不见整体，很容易导致选择的项目并不符合整体策略要求，导致选错项目。另外，这样的操作也没有事先比较各项目的重要性，很容易导致投入结构不合理，最终无法获得最大化的营销效益。这种缺乏全局观的做法，容易以偏概全，无异于“盲人摸象”。

3. 误区三：“邯郸学步”——盲目跟风，跟着别人走

这种情况可具体分为三类：

一是跟着头部平台走，跟着热点媒体走。哪个平台大就投哪个平台，哪个媒体火就选哪个媒体。

二是跟着大品牌走。大品牌做什么，“我”就做什么，大品牌投哪个媒体，“我”也跟着投哪个媒体，亦步亦趋，追随模仿。

三是跟着竞争品牌走。竞争对手干什么，“我”也干什么，竞争对手投什么项目，“我”也投什么项目。

三种情况的本质都是“邯郸学步”。不从企业的实际情况出发，不去认真分析自己的市场和消费者，不去建立差异化竞争优势，不去做出最符合自身状况的决策，这必然导致决策偏颇，投入效益低下。

4. 误区四：“张冠李戴”——把媒体指标作为企业评价指标

几乎所有企业，包括一些大品牌，都错误地把媒体指标当作评

价企业自身营销效果的指标，并以此作为媒体选择和投入的依据。殊不知，覆盖率、收视率、点击率等媒体指标是媒体自身的效果指标，企业投放媒体产生的效果应该体现为企业的营销效果，看对企业的产品销售、品牌形象和用户资产等方面产生怎样的作用、带来多大的效果，这才是企业需要的营销效果评价指标。

企业怎么能拿媒体指标这种别人的衡量标准来评价自己呢？这是典型的“张冠李戴”做法。没有正确的评价标准，必然导致选不准、投不准，效益自然不会高。

企业的这些困惑和误区，有企业方面的主观原因，也有一些客观原因，比如这么多年以来，学界和业界一直没有建立一套跨媒体、跨营销项目的统一评价标准，这导致企业在很多时候只能拍脑袋，靠经验决策。

现在是时候拿出一套办法，帮助企业作出科学的投入决策、大幅提高营销效益了！

8.3　“消费者的一天”

前面我们分析，营销投入要投向消费者与品牌的接触点。投得准，首先要找到消费者与品牌的接触点。

过“消费者的一天”是寻找接触点的一种非常有效的分析方法。真正回归消费者视角，沿着消费者的行为轨迹、生活空间和消费场景，探寻消费者完整“一天”中与品牌的所有接触机会，尽可能了解在每一个接触点上消费者与品牌的接触时长、频次，以及对消费者的影响强度，同时深刻洞察消费者与品牌接触背后的深层动因。

需要说明的是，“一天”是一个泛指概念，不仅指一天24小时，也指一周、一个月、一年等覆盖消费者全旅程的所有时间区间。

运用“消费者的一天”，可以找到消费者与品牌的全触点，勾勒出消费者旅程触点地图，并识别出关键接触点和关键接触时刻，这将为接触点选择和投入提供科学指引。

英国皇家救生艇协会计划开展预防溺水宣传活动，调研发现，有溺水风险的主要群体为16到64岁的男性，他们大多利用周末或短假来进行海滩之旅，出海前两天经常查阅天气信息，到了海边一般住在离海最近的酒店，晚上经常与朋友一起去电影院、餐馆或者酒吧。根据他们出海前几天的行为轨迹和生活场景，选择酒店大堂展板、户外海报、影院、广播和天气数字媒体等关键触点进行传播，取得很好的宣传效果。

寻找品牌与消费者的全触点和关键触点，有多种调研方法可以选择使用。

实地体验法。“穿上消费者的鞋子到实地走一遍”，精心挖掘和亲身感受每一个细微的接触点，这是最直接、最简单，也最有效的调研方式。

问卷调查。通过广泛的样本调查，可以了解消费者普遍关注哪些接触点，以及整体评价情况。

文本分析法。在微博、小红书、抖音等平台寻找提及品牌的用户作为研究样本，细读他们在新媒体平台发表的日志，了解其生活形态，探究其价值观念，挖掘其消费DNA特征，以及他们与品牌接触的深层动因。

一对一开放式访谈。与典型消费者进行一对一深度沟通，可以了解他们印象最深的品牌接触点，可以探究其原因，并听取他们的改进建议。

值得关注的是，技术的发展已经可以帮助我们获得精确的消费者接触点和接触行为数据。比如以色列一家技术公司拥有媒体用户跟踪技术，只要在样本用户手机中安装相关App，通过声纹原理，就可以实时获取样本用户接触广播、电视和手机App的真实数据，掌握用户真实的媒体接触形态。目前在国内这一技术已应用于媒体投入决策和效益管理咨询领域。

8.4 接触点评价“通用货币”

不同媒体、不同营销项目的效果指标不一样，无法进行统一比较，很难评价哪一个接触点更重要，所以不好作出选择，更难进行科学的预算分配。这本身是一个历史难题。

前面讲过，接触点是营销底层的统一概念。从接触点出发，可以测量在不同接触点上消费者与品牌的接触效能，从而建立接触点评价“通用货币”，进行跨触点统一比较，为选准接触点以及合理分配预算提供科学决策参考。

接触点效能评价主要从“接触面”和“接触强度”两个维度进行考量。其中，“接触面”侧重于“触达”层面的考量，是数量指标，

"接触强度"侧重于"触动"和"触发"层面的考量，是质量指标。

"接触面"主要衡量接触点的覆盖面大小，一般用触达人数来表示，比如电视媒体、互联网媒体一般能触达几千万、几亿人，一个广告牌只能触达路过该区域的几百人、几千人，一场线下活动直接触达的人更少，可能只有来到现场的几十人、几百人，如果直播的话，也许可以同时触达线上的成千上万人。

对品牌来说，精确的"接触面"指标应该是触达的该品牌目标人群数量，在专业运作上一般用"TA 浓度"（品牌的目标消费者在触达总人数中的比例）来表示。比如某品牌投放抖音广告，触达了 1 亿人，其中符合该品牌目标消费者特征的人数是 3 000 万，那么"TA 浓度"是 30%。

"接触强度"主要衡量在这个接触点上品牌对消费者的影响程度。可以简单使用接触频次和接触时长这两个指标进行考量。比如某品牌的消费者使用小红书，平均一天打开 3 次，每次浏览时长平均 20 分钟，这两个指标可以粗略呈现该品牌消费者使用小红书的接触强度。

我们知道，接触频次高、接触时间长不能真正表明对消费者的影响大，如果不能真正触动消费者，再多的接触频次、再长的接触时长也不会产生多大作用。准确考量"接触强度"，需要运用接触点四维动量评价模型（启德商学院广告主创新实验室专利技术）从知识、能力、经验和情感四个维度精细化考量不同接触点对消费者的影响程度和赋能消费者的价值大小。

1. “知识”维度

主要衡量接触点在为消费者提供必要的品牌知识方面的价值大小。

在消费者旅程中，消费者需要掌握一些关于品牌的必要信息以便于自己作出购买决策和更好地使用产品等。消费者需要的这些品牌“知识”，一部分来自商家的主动推送，如广告等，另一部分来自消费者的主动获取，如搜索等。

知识不同于信息。知识是经过个人加工处理的认知信息，品牌知识是消费者对接触的品牌相关信息进行理解、消化后内化的个人知识。比如商家宣传空调非常“静音”，介绍品牌拥有这方面的独家技术，感兴趣的消费者会对这些信息进行消化吸收，内化为自己的知识，形成对该品牌“静音”特点的认知。比如生产魔芋的企业介绍产品含有哪些特别的成分，具有“低热量”的特点，消费者关注后也会形成这方面的品牌知识。

消费者掌握的品牌知识越充分，购买行动的可能性越大。前段时间，老乡鸡连锁餐饮公开了《老乡鸡菜品溯源报告》，长达20万字，详细介绍了餐馆食材的来源地和供应商信息等。老乡鸡这种突破行规的“开源”方式，让消费者一站式获得其关心的食材质量等信息，消费者消化吸收这些信息形成关于老乡鸡更加丰富的“品牌知识”，会大大提高其对老乡鸡的信任度，促进更多人进店消费。

不同接触点呈现和表达品牌知识的能力各有差异。

一般来说，直播相比视频、视频相比图片、图片相比文字，信息容量更大，也更容易解码、更容易理解。所以，电子类媒体往往比平面类媒体在“知识”维度上相对更有优势，其中“直播”尤为突出。

从更广泛的角度看，产品“现场展示”“实地体验”等线下接触点相比“网络直播”等线上接触点，由于消费者可以直接与品牌接触，其信息容量更大，也更容易解码，所以在赋能消费者品牌知识方面具有更加明显的优势。

2.“能力”维度

主要衡量接触点在提高消费者购买决策能力和产品使用能力方面的价值大小。如果能够让消费者作出更快、更简单的购买决策，让消费者购买和使用产品更方便、更容易，就表明该接触点“能力”强。

“越容易越交易”。行为经济学家告诉我们，如果你想要别人做一些事情，就让事情容易些。理查德·泰勒在《助推》一书中提出的重要观点之一就是“让它容易”。

我在英国一家中餐厅看到，尽管烤鸭价格不低，近千元人民币一只，但卖得很火，几乎每桌必点。服务员穿梭于各个餐桌，耐心地给英国食客演示如何卷烤鸭。让外国朋友学会卷烤鸭，吃起来更容易，这大大促进了餐厅烤鸭的销售。

通常情况下，越容易获得的信息越容易得到消费者的关注。如果消费者感觉获取某些信息可能要花费较多时间或者比较麻烦，他们可能会自动放弃。现在互联网媒体大都具有强大的算法功能，可以把用户感兴趣的内容个性化地“投喂”给特定用户，这相当于替用户进行了信息筛选，让用户更“容易”获得自己感兴趣的信息，所以互联网媒体在赋能用户获得信息的“能力”上比传统媒体相对更强。当然，算法推荐也是“双刃剑”，持续向用户推送“偏好”内容，令用户选择面变窄，容易形成“信息茧房”束缚并让认知固化。

更“容易”，还体现在能帮助消费者更加便利地获得产品或者服务上。比如电商作为新兴的交易类触点，一键下单、送货到家，大大提高了消费者获得产品的便利性。

另外，如果接触点能够帮助消费者购买和使用产品更方便、更容易，这也说明其“能力”较强。比如“微信支付”触点能一键完成付款，相比之前的信用卡支付和现金支付，消费者在购买付款环节方便得多。

亚马逊曾做过一项研究，发现网上销售的一大障碍点是手机缺少自动填写功能。为此他们专门设计了一键填写系统，可以自动填写用户账单地址和电子邮件等信息。这项技术帮助用户提高了信息填写“能力”，用户操作更简单、更容易，大大促进了其网上销售。

3.“经验”维度

主要衡量接触点为消费者提供品牌经验方面的价值大小。消费者的品牌“经验”越多，购买疑虑就越小，信心就越足，实施购买行动的可能性就越大。

现在越来越多的商家开展消费者体验活动。比如蓝月亮开展的“至尊洁净之旅”活动，邀请消费者参观蓝月亮洗涤研究与教学中心，通过现场演示与互动，了解洗涤原理，探索洁净奥秘，切磋洗涤技巧，体验未来洗衣科技的魅力，还可乘坐“蓝月亮”号，赏珠江夜景，分享生活中的洁净体验等。类似的品牌体验活动还有很多，如工厂旅游、产品品鉴会等，本质上都是希望消费者积累更多对品牌的个人经验，促进他们的购买行动，同时也希望通过这些用户的个人经验分享，触达更多的潜在用户，使他们获得间接的他人经验，从而影响更多消费者。

“使用产品”是用户最深刻的个人经验，“看到别人使用产品”对潜在用户来说是提供了最直观的“他人经验”，对商家来说是最有效的行动号召。我们来到一个陌生的城市，面对整条街各式各样的餐馆，不清楚选哪家好，那就选择顾客最多的这家吧！这么多人在这家吃，应该错不了，因为“他人经验”已经用事实告诉了我们答案。

当然，“经验”还包括更大范围的集体经验乃至社会经验。比如有关企业、产品主题的新闻报道、社会话题等触点，可以帮助消费者了解社会大众对品牌的普遍看法和公共认知，构成消费者对品牌认知的一部分，也是消费者购买决策的参考维度之一。

4.“情感”维度

主要衡量接触点为消费者提供情绪、情感价值方面的价值大小。

情绪是影响消费者购买行动的一个重要因素。神经科学已经明确证实，情绪中枢会早于认知和其他理性中枢接收和处理感官信息，在大脑中产生情绪反应，影响人们的注意力方向，提高学习效率并增强记忆力，推动人们产生某种行动。

现在有些数字户外媒体可以内置“智能标签”，针对过往的人群，通过识别人们的面部表情判断他们的心情，据此向不同人推送不同广告版本，传播针对性信息，以更有效地刺激消费者行动。

不同接触点在激发消费者情绪和情感共鸣方面具有明显差异。

产品体验、产品试用，以及人与人面对面沟通等直接接触点，充分调动消费者所有感官（五感：视觉、听觉、嗅觉、味觉和触觉），与品牌深度接触，直接刺激情绪中枢，会形成更加强烈的品牌感知和行动触发。而广告、内容，以及各种形式的线上接触点，都是消费者与品牌的间接接触，在“情感”维度上优势相对不明显。

相比较而言，现场体验相比直播，直播相比视频，视频相比文字，以及线下相比线上，一对一沟通相比多人沟通，在激发消费者情绪、情感方面更具优势。

8.5 “BCT”分析模型

科学地评价和选择接触点，需要量化分析，同时也需要定性分析判断。

多年以来，很多企业包括很多大品牌在营销决策上都存在一个误区，就是过度依赖数据，过度重视定量分析。他们做任何营销决策，上来就看数据，比如选择广告媒体，直接看各个媒体的价格，算曝光量、点成本等，进行一通数据评估，貌似很科学，可到头来这些媒体可能根本就不适合这个品牌。

定性分析和定量分析需要交互使用，综合判断。定性分析负责把握大方向，确保方向正确，侧重于战略层面，而定量分析的主要职责是做进一步的精细化考量，更侧重于战术层面。

启德商学院广告主创新实验室专利技术 BCT 模型提供了一个系统全面的定性分析结构框架（如图 8-1 所示）。

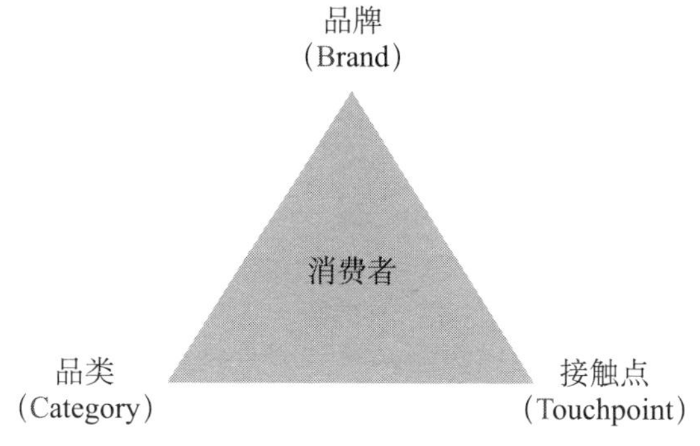

图 8-1　BCT 定性分析模型

其中，“品牌”（Brand）维度主要分析品牌基因和品牌现阶段需要解决的关键问题等，“品类”（Category）维度主要分析产品所属的行业品类的属性、现状和发展趋势，以及品牌竞争态势等，“接触点”（Touchpoint）维度主要分析触点特质与能力，以及触点类型与协同等。

定性分析的基本逻辑是，从品牌基因入手，围绕现阶段品牌需要解决的关键问题，通过对不同触点的深入分析，充分考虑品类整体状况和竞争品牌状况，基于消费者视角进行交叉分析、综合判断。

在多个分析因素中需要特别关注品牌基因。品牌基因从根本上影响着每一个营销决策。通过多年来对中国企业和国际品牌的观察，我们把品牌大致分为具有不同基因的三大类：

第一类是“工程师型”品牌。这类品牌大都具有强大的技术基因，比如科大讯飞，最早是中国科学技术大学的一个实验室，技术基因强大。这类品牌大都擅长产品创新，重视产品品质，在营销上往往侧重产品触点投入，强调产品的功效价值。

第二类是“网红型”品牌。这类品牌极度市场化，时刻迎合市场需要，市场需要什么，就马上提供什么。如ZARA等快时尚品牌，快速复制全世界最新、最流行的服装款式，还有很多潮流品牌也是如此。这类品牌大都注重营销，强调用户价值。

第三类是“传教士型”品牌。这类品牌通常会提出一个具有共同价值的崇高理想作为品牌的精神理念，如特斯拉提出“改变世界”的理念。这类品牌大都追求颠覆式创新，往往有一个明星带头人，注重打造媒体化组织，强调品牌的精神价值。

品牌基因为品牌营销投入指明了大方向。比如在触点选择上，品牌要选择与品牌基因契合、调性一致的接触点，这如同找对象，两人的价值观首先要匹配。

鲜肌之谜是一个针对年轻时尚女性的化妆品品牌，主打独立、个性的品牌风格，选择与《时尚COSMOPOLITAN》合作，该杂志倡导风趣、大胆、有韵味的媒体风格，被读者打上“自信、独立”等标签。鲜肌之谜选择具有同样价值观的媒体合作，精准、有效地触动了目标消费者，同时也让品牌形象更加鲜明，取得很好的营销效果。

第 9 章

如何投得值?（二）

9.1 如何协同？

一家企业花了大概上亿元冠名央视主持人大赛，但企业董事长告诉我们，转化效果很一般。我们建议企业冠名下一届的时候，可以策划、组织一场全民参与的“冠军竞猜”活动，配合主持人大赛电视播出。英国广告从业者协会（IPA）的一项研究表明，活动与电视结合，营销效率可提高六倍。

不同营销项目如果能够有机组合，可以产生强大的协同效应和综合效益，这种效益的提升不是简单的 1+1>2，而是相乘的指数级增长。相信这家主持人大赛冠名企业增加竞猜活动后，一定能促进社会大众广泛参与，极大拓展品牌的目标人群，极大增强消费者的品牌体验和用户黏性，最终极大提升该项目的营销投入效益。

前面我们提到，消费者的购买旅程是由一个个接触点构成的，不同接触点在解决品牌问题的能力上各有专长和局限。根据不同接触点的营销价值和功效，可以把接触点分为四大类（见图 9-1）。

第一类是展示类接触点，如传统媒体广告、门户网站广告，以及名人代言、各种主题活动和事件的赞助等，主要作用是展示品牌名称，说明产品特点、优势、价值等，提高品牌影响力。

第二类是体验类接触点，如抖音等短视频平台、爱奇艺等长视频平台，以及产品品鉴、商品试用等，主要可以帮助品牌给消费者带来直接和间接的品牌体验。

第三类是关系类触点，如微信、小红书、B站，以及会员俱乐部等，主要可以帮助品牌建立和发展用户关系。

四是交易类触点，如京东、天猫等货架电商，抖音、快手、小红书等内容电商，以及线下各种形式的商店超市等，主要作用是“临门一脚”，推动消费者购买，达成产品最终销售。

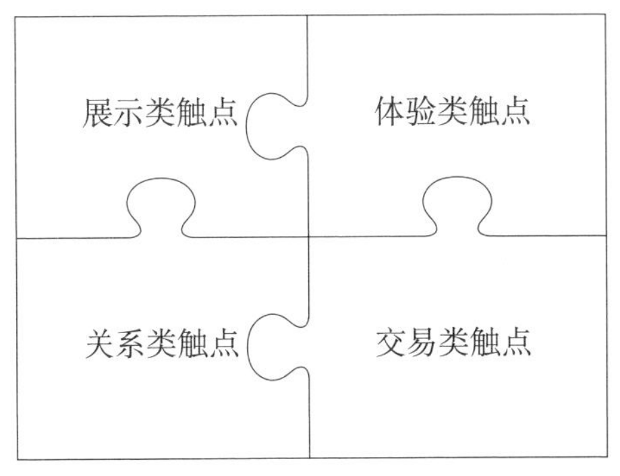

图 9-1　四大类触点分析模型

在消费者决策旅程中，四大类触点交互作用，共同推进消费者旅程向前发展。我们可以把四大类触点的协同关系形象地比喻成一座金字塔，以此建立接触点协同模型（见图 9-2，为启德商学院广告主创新实验室专利技术）。

展示类触点处于金字塔底层，偏“触达”功效，主要帮助品牌触达更广泛的人群，提高品牌认知和品牌知名度，同时营造品牌势能。体验类触点和关系类触点处于金字塔的中层“腰部”，偏“触动”功效，主要帮助品牌增强用户的品牌经验，发展用户关系，沉淀用户资产。交易类触点位于金字塔的顶层，偏“触发”功效，主要帮助品牌实现销售转化，进行“收割”。

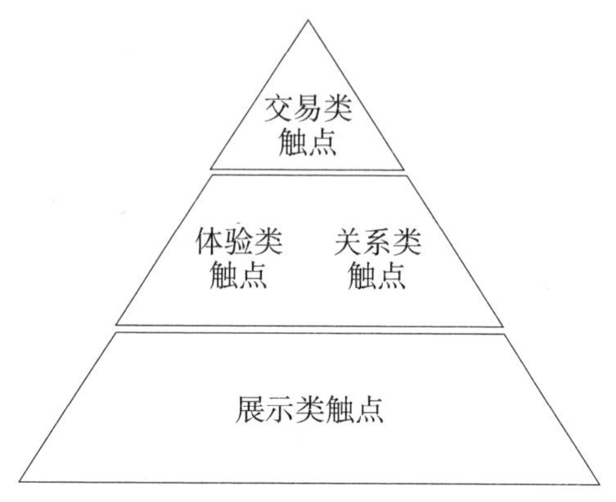

图 9-2 接触点协同金字塔

每个品牌都需要建立自己的接触点协同金字塔，找到适合自己的四大类接触点组合协同最优模式。

在品牌发展的不同阶段，品牌需要及时调整和优化各类接触点的投入比例，争取不断保持最优投入结构，实现投入效益最大化。

在近几年的研究和咨询实践中，我们发现大多数企业都存在不同程度的协同“缺失”问题，导致营销投入不能获得最大效益。以下我们选取几个品牌的情况做一说明。

1. 某保健食品

该品牌从国外直采产品原料，产品质量有保证，复购率比较高。产品从一开始就一直在京东、天猫（交易类触点）销售，目前正准备做抖音直播带货。品牌用了短短几年做到近十亿的规模。但董事长告诉我们，买流量越来越贵，投下去也不像前几年那么见效了，感觉效益明显降低了。

通过“接触点协同金字塔”（见图 9-3），我们可以发现，企业只有交易类触点。这在品牌初创阶段完全可以，但是当品牌进入成长期，就需要广泛的用户基础和品牌势能，同时需要规模化的品牌体验和更深入的用户关系，如果没有展示类、体验类和关系类触点的支撑，应该很难达到更大的销售规模。

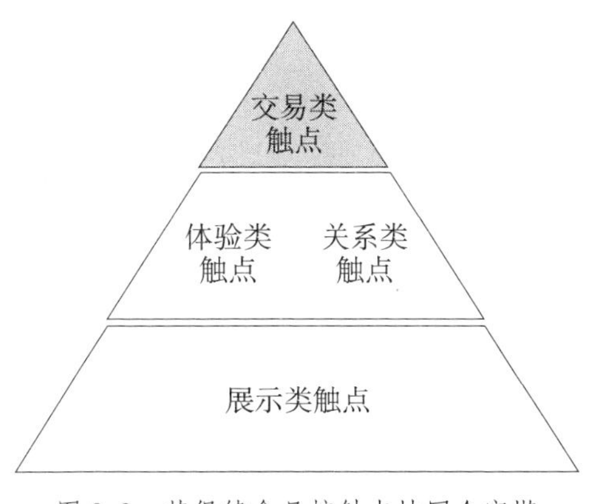

图 9-3　某保健食品接触点协同金字塔

这时候，董事长希望我们帮忙找一个品牌代言人（展示类触点），以快速提高品牌知名度。企业也开始着手建设线下体验店（体验类触点）。我想这几个动作落地后，这个品牌的营销协同效应会逐渐显现，投入效益会逐步提高，品牌增长也将突破瓶颈，进入一个新的规模量级。

2. 某高端家电品牌

该品牌成立十几年以来，主要做圈层营销，围绕商学院、高尔夫俱乐部、家庭运动会团体等高端社群，举办各种体验活动（体验类触点），发展会员（关系类触点），做到百亿规模（见图 9-4）。

现在企业提出“突破千亿”的目标。调查发现，很多目标人群还不知道这个品牌，我们在咨询服务过程中为该品牌的营销投入进行了结构性调整，加大了展示类触点投入，特别是央视新媒体方面的投入，该品牌随后做了多场央视新媒体直播，在短短一两年时间里触达了大量目标人群，快速提高了品牌知名度和品牌势能，为品牌圈层营销奠定了广泛的用户规模基础和品牌认知基础，形成巨大的协同效应，同时新增抖音直播带货等交易类触点，品牌发展进入快车道。

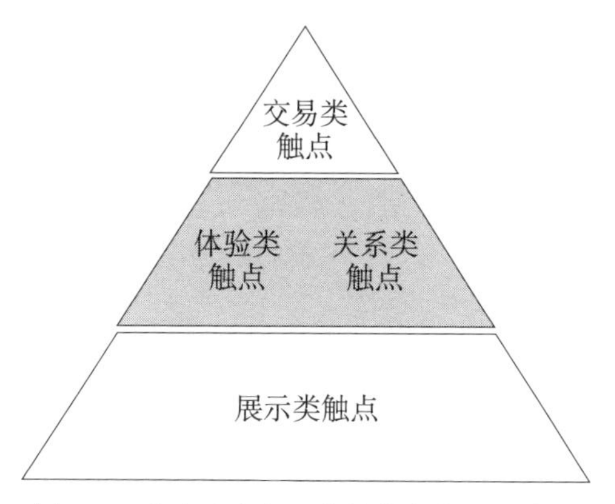

图 9-4　某高端家电品牌接触点协同金字塔

很多高端品牌采用 D2C（Direct To Consumer）营销模式，直接面对消费者，所以该品牌发展初期从关系类触点和体验类触点切入，是非常有效的策略，但发展到一定阶段后，要想达成更大规模的销售，实现更快的发展，就需要其他触点的协同，一方面是通过加强展示类触点，快速扩大目标群体，夯实协同金字塔基座，另一方面也要发展交易类触点，拓展更多的销售渠道，提高产品的易得性，让消费者的购买更便利。

3. 某日化品牌

该品牌多年来大部分费用都投在央视（展示类触点），产品在京东、天猫等电商平台（交易类触点）的销售占比达 50% 左右（见图 9-5）。企业近几年主打一款高端洗护产品，虽然投入了很大的营销费用，但效果一直不太明显。

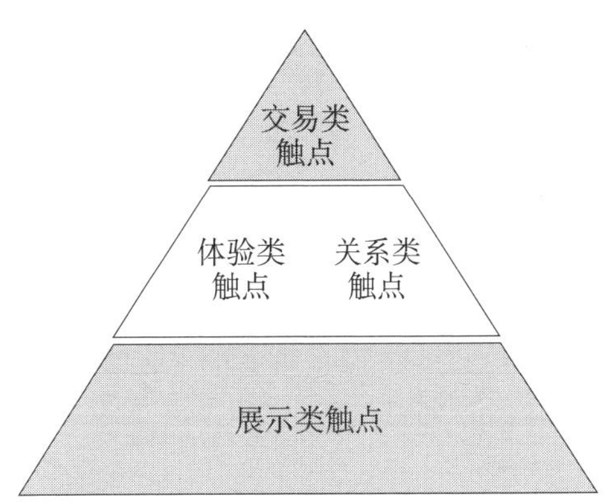

图 9-5　某日化品牌接触点协同金字塔

前段时间我们与企业沟通，当时企业正在讨论要不要使用小红书。从该品牌的接触点协同模型分析，品牌现在非常欠缺关系类触点，小红书正适合！该品牌的高端洗护产品，非常适合通过小红书平台让现实用户分享经验，为潜在用户“种草”，这将充分释放多年累积建立的品牌知名度和影响力，以及强大的线上线下渠道力，必将大大提高营销投入效益！

4. 某知名金融品牌

该品牌是全国知名品牌，可谓家喻户晓。企业前些年还一直在冠名“中超”，这类展示类触点能快速提高品牌知名度，但品牌发展到今天这个阶段已经不需要了。我们在和企业沟通的时候，企业指着这张接触点协同金字塔图（见图 9-6）说，他们现在最缺的就是体验类和关系类触点，这正是下一步的投入方向和工作重点。

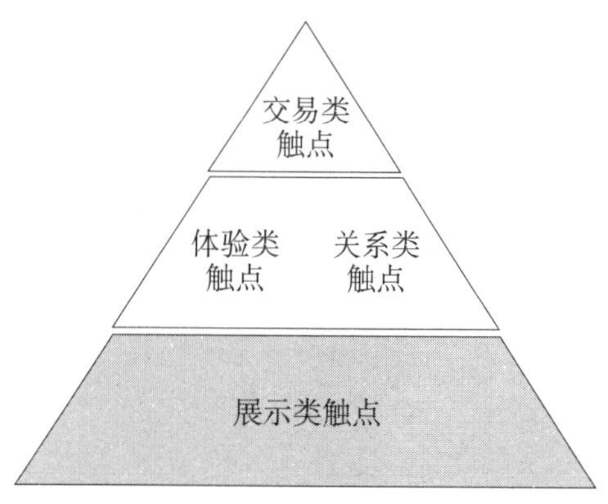

图 9-6 某金融品牌接触点协同金字塔

类似的情况还有很多。前段时间看电视，看到万达还在冠名世界田联钻石联赛（展示类触点），万达知名度已经很高了，但近几年资金非常紧张，真不明白为什么还要把钱花在这里，这属于典型的过度投入。回头看，万达当年在企业发展初期冠名“大连万达”足球队（展示类触点），那时对急需品牌知名度的万达来说，是一个非常正确的选择！而企业发展到今天，还把大笔的费用投在展示类触点上，又是一个多么不明智的决策！

9.2 如何优化？

在营销投入日常执行过程中，需要定期或不定期进行投入评价和优化，提高营销投入执行效益。

接触点优化管理模型（见图9-7）是一个专业的优化管理工具。具体操作路径是，请消费者对各执行项目及接触点从重要性和满意度两个维度进行评价打分，然后以“重要性”为横坐标，“满意度”为纵坐标，进行象限分类，对处在不同象限的接触点分别采取不同的优化改进策略和措施。

具体步骤如下：

第一步，找到品牌的一些典型消费者，请他们回答两个方面的问题：

1. 消费者认为这个接触点重要吗？请他们对各接触点的重要性进行评价得分，范围是0—5分或0—10分（重要性评价）；

2. 请消费者描述在各接触点的体验感受，以及他们的期待，并请他们对各接触点的满意程度进行评价得分，范围是0—5分或0—10分（满意度评价）。

第二步，计算各接触点的重要性和满意度分值。

第三步，根据各接触点的重要性和满意度分值，把各接触点分别归类到象限四个区域中。

第四步，对处于不同象限区域的接触点，分别制定优化策略和改进措施。

象限右上角的接触点，消费者认为比较重要同时满意度也比较高，为“亮点”接触点。需要持续保持投入，不断提升消费者满意度。

象限右下角是一些比较重要但消费者不满意的接触点，为“痛点”接触点。需要重点优化，大力改进，尽快提升消费者满意度。

象限左上角是一些消费者比较满意但不太重要的接触点，为“装饰”接触点。可适度投入，争取不减分。

象限左下角是那些不重要、消费者满意度又不高的接触点，为“鸡肋”接触点。需要认真分析是否值得继续投入，有余力则优化，或者干脆放弃。

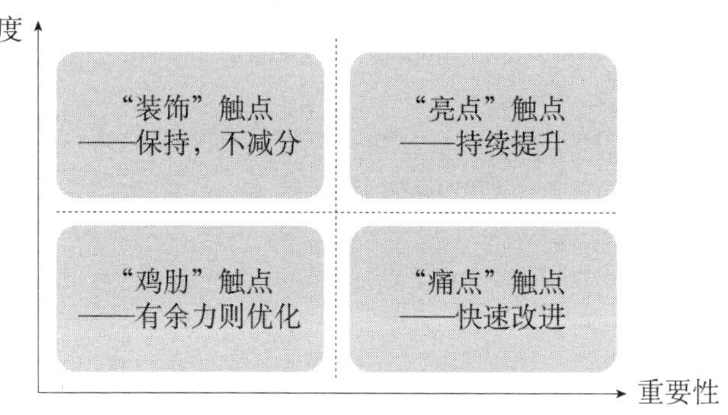

图 9-7　接触点优化管理模型

下面的案例是中国人民大学陈晴炘同学“广告主研究”课程作业的一部分。她考察了校内的一家美甲店，对主要接触点进行了评价分析（见表 9-1），并提出了优化改进建议。

表 9-1　美甲店主要接触点的重要性和满意度评分

接触点	重要性	满意度
美甲产品本身	8	6
价格与性价比	7	7

续表

接触点	重要性	满意度
美甲服务	8	1
官方微信账号	6	2
美甲师等员工	3	5
店铺位置	2	7
店铺整体环境与陈设	7	1
校内媒体与社群	6	0
户外广告（海报、传单、易拉宝等）	4	6
小红书	3	0
他人触点	4	3
售点触点（节日活动、充值活动等）	4	0

根据各接触点的重要性和满意度分值，进行象限归类，如图 9-8 所示：

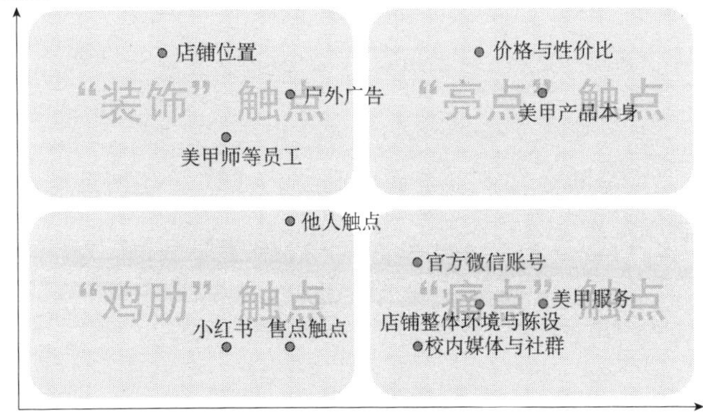

图 9-8 美甲店接触点优化管理图

对图中“痛点”触点的优化建议如下：

1.“服务”触点优化建议

1）让现有服务变得更“显眼”。可将共享充电宝移到进门显眼处、在美甲桌上标明 Wi-Fi 密码，让顾客不开口便能享受服务。

2）适当增加附加服务。如主动提供茶水，美甲结束后提供护手霜或磨砂膏，同时鉴于美甲时间较长，在美甲过程中提供小零食等。

3）了解大学生的兴趣和流行热点，在长时间美甲中进行陪伴式聊天。

4）规范服饰礼仪，统一穿着，以彰显专业性。

2.“官方微信账号”触点优化建议

1）创立专门的微信账号，使用有识别度的微信名和头像作为消费者咨询预约的渠道，并且只发布美甲相关内容，保持一周 2～3 次的日常更新频率。

2）增强账号与消费者的互动性，建议发起线上转发集赞、朋友圈评论抽免单、投票调查美甲喜好等活动。

3.“店铺整体环境与陈设”触点优化建议

1）改变原先门头破败的形象，打造温馨、清新的色调与风格，配合美观显眼的店名标识和引导性装饰物引导顾客进店。店内可根据顾客需求提供轻松愉悦的音乐。

2）由于美甲店不只有美甲业务，建议分隔出单独的美甲区，可采用半开放式的透明隔板，同时使用专业置物架将美甲工具有序摆放。

4.“校内媒体与社群”触点优化建议

1）与校学生会、校青协等合作，借助他们的公众号，宣传独家福利和优惠信息。

2）定期监测校园论坛内的评论和评价，并给予积极的回复，对于合理建议及时改进反馈。同时关注同学们发布在“RUC小喇叭”上关于位置、价格等方面的问题，为同学们解答疑问，把握机会自我宣传。

9.3 如何评估效果？

如何评价营销投入效果？对企业来说，这是一个非常关键的问题。客观的效果评价可以为企业下一步的营销规划提供正确指引，帮助决策者判断哪些项目需要增加投入，哪些项目需要减少投入，哪些项目可以下马。

多年来在效果评价上一直存在着两大难题，一是没有一套能真正反映营销效果的指标体系，比如很多企业错误地把收视率、点击率、转化率等媒体指标作为评价自身营销效果的指标，二是不同媒体、不同营销项目的效果指标不一样，无法进行统一比较，不能判断谁的效果更好、作用更大。

接触点效果评价模型（见图 9-9，为启德商学院广告主创新实验室专利技术）建立了营销效果评价体系，可以实现跨接触点评价，很好地解决了上述问题。

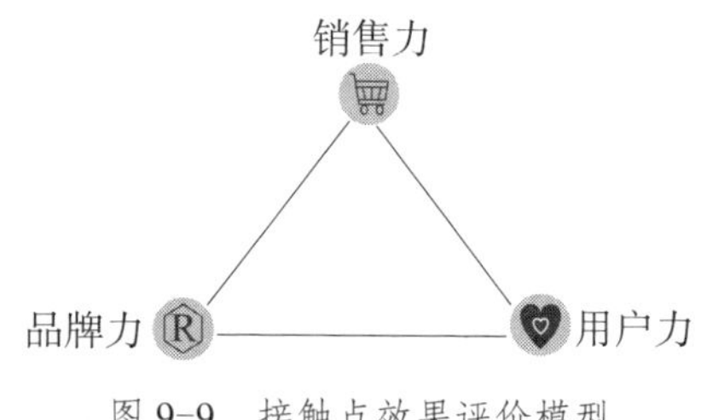

图 9-9　接触点效果评价模型

营销效果需要由消费者来评价。消费者对每一个接触点从销售力、品牌力和用户力三个维度进行全面评价，可以比较不同媒体、不同营销项目等各个接触点的营销效果强弱。

1. 销售力

销售力主要评价接触点投入后对激活产品销售的作用大小。主要从以下几个方面进行评价。

一是，评价接触点是否提高了消费者对品牌的感知价值。消费者看了一则广告、一篇软文，或者参与了一场品牌组织的活动，是否感觉品牌对自己更有用、更有价值了，感知价值越高，购买可能性越大。

有些接触点天然具有提升消费者感知价值的优势。如“产品试用”触点，可以让消费者通过亲身体验感知到产品给自己带来哪些好处，直接提高了感知价值。

二是，评价接触点对价格的影响，具体说，该接触点是否让消费者产生了更高的产品价格预期。比如在高端媒体做广告，或者冠名赞助一些高端活动，一般都会提高消费者对品牌的感知价格水平和心理价格预期。

再有，评价接触点对消费者购买行动的直接影响。这些影响不仅包括购买时刻的刺激，还包括购买"预行动"和"后行动"。其中，"预行动"是指消费者在最终购买行为发生之前的相关行为动作，比如消费者扫广告海报上的产品二维码，领福利、参与互动等，"扫码"动作就是消费者购前的预行动。"后行动"是消费者购买产品后的相关行为动作，如线上转发、点赞、发表评论，以及线下口碑宣传、熟人推荐等。

2. 品牌力

品牌力主要评价接触点投入后对品牌提升的作用大小。主要从以下几个方面进行评价。

一是，评价接触点是否让更多人知道了该品牌。比如"新闻报道"触点，面向社会大众进行广泛传播，可以快速提高品牌知名度。

二是，评价接触点是否让目标人群对该品牌了解得更多、理解得更深。比如B站上电子产品的"拆机测评"视频，让用户更加全面地了解了产品的内部构成、工作原理和性能优势等，让消费者掌握了品牌更多的关键信息。

三是，评价接触点是否让目标人群更加喜欢该品牌了。比如品牌赞助某项公益活动，体现企业的社会责任，会提高消费者对品牌的好感度。

3. 用户力

用户力主要评价接触点投入后对品牌沉淀用户资产的作用大小。具体主要从以下几个方面进行评价。

一是，评价接触点触达了多少目标人群。比如抖音、快手、视频号等短视频平台，流量都很大，也有底层算法支持，都具有很强的触达广泛目标人群的能力。

二是，评价在该接触点上获得了多少现实购买用户。比如，直播带货借助媒体平台流量，综合运用产品演示、主播讲解等立体组合营销方式，吸引用户下单购买，获得不少现实用户。

三是，评价接触点在发展用户关系、创造用户全生命周期价值方面的作用。比如，直播带货，虽然可以激发不少用户下单购买，但在黏住用户、让用户持续复购、与客户持续“合作”方面的作用相对较小。

需要说明的是，销售力、品牌力和用户力三个维度的各项评价指标反映的都是当下接触点的累积效果，既体现了短期效果，也体现了长期效果。

在实际操作中，小型商家可以选择一些简单的调研方式，如选取典型消费者进行深度沟通，请他们就自身主要营销项目分别从销售力、品牌力和用户力三个维度进行评价，提炼有价值的结论。

有条件的企业可以通过问卷调查等方式，做广泛的消费者调研，获取更加精确的消费者评价数据。获得三个维度的评价数据后，还需要基于品牌现阶段需要解决的关键问题，进行多维度综合分析，给出销售力、品牌力和用户力的不同权重系数，然后得出各个接触点的营销效果分值及排序。

运用接触点效果评价模型进行跨触点全面评价，可以真实呈现不同接触点的原本价值。在近些年的咨询实践中，我们发现广播电视等传统媒体尽管不能直接看到销售转化数据，但其销售力一点都不弱，甚至远高于大多数互联网媒体，这主要是因为消费者认为在这些传统媒体上发布的品牌内容和广告是可信的，这对提高他们的购买信心非常重要，这能够有效促进他们的购买行动。这客观还原了传统媒体的真实价值，为企业的媒体选择和投入提供了客观依据。

9.4 “品”与“效”是伪命题

巴黎奥运会上与郑钦文一同火的还有其赞助商耐克。印着郑钦文的大幅照片和“胜利会回答一切”“想带走的巴黎纪念品只有奖牌”等标语的巨幅海报，在国内主要城市的户外大屏亮相，也出现在纽约等国际大都市的街头。

在今天流量至上、数字广告盛行的时代，耐克一直注重品牌宣传，强调品牌精神，这次巴黎奥运会的机会当然也不会放过。多年以来，耐克一直认为品牌形象与产品销售并不矛盾，一则好的品牌广告一样有很强的产品销售力，他们的营销投入不会只瞄准销售转化和短期 ROI。

事实证明耐克的这一观念是正确的。在经济不景气的大环境下，耐克业绩增长依旧亮眼，其 2024 财年 Q1 财报显示，大中华区营收 17.35 亿美元，同比增长 12%。

与耐克形成鲜明对比的，是它的老对手阿迪达斯。

前几年阿迪达斯曾公开表示，企业因过度投资效果类广告导致浪费了近 30 亿元人民币。企业偏信效果广告对用户转化和在线销售具有绝对影响，过度追求数字媒体 ROI 等短期指标，把大部分广告预算都投入到信息流、付费搜索、电商广告、引擎优化等数字效果渠道，投放比例一度高达 77%，电视、户外等媒体投入比例压缩到不足四分之一。结果随之而来的是不断上涨的营销费用和长期销售增长的乏力。

阿迪不得不进行深刻反思。通过计量经济学模型分析发现，实际上品牌广告带动了 65% 的批发、零售和电商销售。于是，他们重新建立了一个新的营销投入框架，减少效果类广告投入，增加品牌类广告投入，以品牌驱动、情感诉求为中心，将营销重点放在激发品牌欲望上。企业重回增长轨道。

耐克和阿迪的不同投入模式，本质上是双方对营销效果的理解差异。

“品”与“效”是近些年的流行概念。很多人把广告分为“品牌广告”和“效果广告”，同时把电视、户外等媒体划分为“品牌媒体”，把能实现直接销售转化的互联网媒体称作“效果媒体”。这是一种错误的做法，误导了大量企业。

事实上，“品”与“效”是一个伪命题。

“品”与“效”本质上是营销效果问题。营销效果从根本上体现在三个方面：激活销售、提升品牌和沉淀用户资产，简单说，就是销售力、品牌力和用户力。

从字面意义上看，“品”与“效”并不是并列关系，不能同等比较。“品”是局部概念，仅指品牌方面的作用，而“效”是“效果”，是整体概念，包括全部作用。把互联网媒体称作“效果媒体”，是压缩了“效果”这个整体概念，片面地扩大了互联网媒体的作用边界。

在 9.1 节，我们提到接触点分为四类：展示类触点、体验类触点、关系类触点和交易类触点。有些互联网媒体平台可以点击下单，说明它有交易类触点，可以实现站内直接销售转化，但不能以偏概全地说这类媒体就是效果媒体，更不能把没有交易类触点的其他媒体划分为品牌媒体。

有不少人认为，电视、户外等媒体不能直接带来销售转化，因此对产品销售就没有帮助，就没有销售力，这是一种片面的看法和误解。

比如广播电视媒体，其实具有很强的销售力。统一润滑油曾做过这样的营销实验：他们停止其他媒体的广告投放，把全部预算集中在央视新闻联播后的广告时段，投放五个月后，产品销售额增长121%。

广播电视具有国家公共传播平台的媒体属性，以及高权威性、高可信度等媒体特质，在赋能品牌信任方面具有特别的能力专长。

基于这类媒体的信任背书，可以大大提高消费者对广告品牌的接受度和购买信心，推动消费者购买行动，同时也会有效提升经销商的进货信心，促进产品铺货和渠道扩张。另外，还可帮助广告品牌建立和发展用户关系，促进新用户开发和老用户维系，从而在多个维度上显著提高产品销售力。这种销售力不仅体现在短期销售效果上，还具有长期的销售推动力。可以说，这类所谓的“品牌媒体”其实是“品”“效”兼具的媒体，既能为品牌赢得声量，也能带来销量，还能创造用户关系，具有强有力的销售力、品牌力和用户力全方位价值，可以为广告客户创造巨大的“品”“效”协同效益。

企业还应该看到，互联网媒体的 ROI 效果数据是其站内销量转化数据，属于局部归因，不完全是该媒体平台的功劳，这是一个片面夸大的数据。

在消费者旅程中，用户会通过很多接触点与品牌接触，比如可能很早就听说过这个品牌，也可能参加过这个品牌的体验活动，也可能见到过这个品牌的电视广告或者户外广告等等，在所有这些接触点上累积形成了对这个品牌的认知和好感，用户可能最终在这个新媒体平台进行了购买，但销量转化结果应该归功于消费者旅程中的所有接触点。

新媒体平台现有的 ROI 效果数据是把最终的销售转化结果完全归功于自己，这与客观事实不符，是片面夸大的数据，是不准确的，会误导企业的投入决策。

另外，还应该看到互联网媒体平台的“品”是其软肋。与广播电视等媒体相比，互联网媒体的公信力相对不足，在赋能品牌信任上能力相对较弱，这不仅体现在品牌建设方面的价值相对较小，同时也体现在赋能产品销售和用户关系上动力不足。互联网媒体在“品”与“效”上其实是不完整、不均衡的，很难产生“品”“效”协同作用。

追根溯源，“品”与“效”的划分是文字游戏，是人为炒作概念，不符合客观事实，也没有任何科学依据，是地地道道的伪命题。

不同媒体在解决品牌问题的能力上各有特长和边界。企业应深刻理解、客观认识不同媒体的作用和价值，不要被所谓的“品”与“效”等概念所迷惑，以免陷入误区，影响正确的媒体投入决策。

第 10 章

“低垂的果实”——少花钱甚至不花钱的办法

这些年经常有一些企业问我，有没有少花钱、最好不花钱也能做广告、做营销的办法？我说，有，一定有。

回答这个问题，还是要回到消费者身上找答案。前面我们提到，在消费者与品牌的所有接触点中，企业最常用的媒体触点往往是要花钱的，而且有些媒体是要花大价钱的，产品触点、他人触点、自触点和售点触点等其他触点群中，有不少接触点花钱很少，甚至不花钱，但一样可以影响消费者的品牌感知和购买行动。这些接触点我们称之为“低垂的果实”，它们像是果子结在果树的低处，唾手可得。

10.1 打造感官品牌

消费者与产品的接触是直接的感官接触，在这种亲密接触中，消费者通过自己的五感（视觉、听觉、嗅觉、味觉和触觉）感知产品，形成感知价值，直接影响消费者的品牌印象和购买行动。

对企业来说，如何充分调动消费者的五感，打造感官品牌，是提高品牌营销效益的关键一步，也是捷径之一。

1. 视觉：让产品看上去很吸引人

视觉在人的五感中存在感最强。人类 80% 以上的信息是通过视觉获得的，与消费者行为相关的信息加工也大多是通过视觉传达的。相比其他感官，视觉对信息的录入具有更强的主动选择性。

现在，产品颜值越来越成为影响消费者购买的一个重要因素，甚至是先决条件。“好看、好用”中“好看”排在前面，产品首先要好看，然后消费者才有兴趣进一步了解是否好用。

在产品同质化越来越明显的今天，引起消费者的关注、让产品“跳”出来、找到品牌的视觉符号非常关键。

Vans（范斯）是极限运动和年轻文化的领军品牌，它的鞋类产品有一个标志性的“华夫大底”，因鞋底的 9 条直线纹和钻石图案酷似华夫饼干而得名。这种鞋底具有出色的抓板性能和耐磨效果，同时也成为 Vans 品牌的视觉符号。

颜色也可以成为品牌的视觉符号，任何一个品牌都可以找到自己的品牌颜色。

前几年，平安集团推出全新的品牌视觉符号——“平安橙”，把橙色作为平安品牌的标准色。橙色，是暖色调的视觉表达，进一步强化了平安以人为本的企业发展理念，彰显了“有温度”的产品服务形象，也在消费者心智中进一步夯实了“专业让生活更简单”的品牌内涵。橙色成为平安的品牌颜色，也成为平安与其他竞争品牌的区隔符号。

产品视觉是品牌内涵的外在表达。抓住消费者注意力只是第一步，关键是让消费者感知到视觉形象蕴含的品牌归属和价值主张。

在实际操作过程中，需要特别注意的是，品牌的视觉表达应与品牌价值主张、品牌调性保持一致。亨氏番茄酱倒出时的黏稠感，让消费者感受到亨氏一如既往的高品质。蒂芙尼选择与绿松石蓝相似的蓝色作为品牌颜色，传达了高贵优雅的品牌形象。可口可乐“欢乐开怀”的价值主张，通过“可口可乐红”一眼就能被消费者

“看”到。

2. 听觉：找到属于你的声音符号

我的小儿子很喜欢玩拼装玩具。有一天，他告诉我，他不用眼睛看只靠听就能知道哪一块拼装玩具是乐高的，说着，他眯着眼睛很认真地摆弄了几下，然后很坚定地告诉我：“这个就是乐高！”真有点神了，小家伙很自豪地补充说：“乐高的声音好听，听着就舒服！”我心想，啊，乐高还有声音？小家伙递给我两个乐高零件，让我听听它们拼接的声音，还真是，我听到了一个低沉、坚定而又干脆的“咔嚓”声，让人感觉到零件接口的完美契合。

美国营销大师爱玛·赫伊拉说过：“不要卖牛排，要卖滋滋声。”任何一个品牌都可以挖掘出自己专属的声音符号，甚至打造自己的声音品牌。

前文说过，乘坐过厦门航空的朋友一定有印象，当飞机着陆的那一刻，机舱会响起厦航特有的广播词：“人生路漫漫，白鹭常相伴。亲爱的旅客朋友，厦门航空是您永远的朋友，我们期待与您再一次相聚蓝天。”这一段落地音乐和广播已经成为厦航的声音符号。

计算机内置芯片巨头英特尔（Intel），它们的产品对消费者来说看不见、摸不着，导致英特尔一直很难与消费者之间建立直接联系，直到 1991 年推出“灯，等灯等灯”的广告音效。几十年来，这一看似简单的声音，成为消费者认知英特尔品牌的关键接触点。

企业可以从自身产品、历史发展等多个角度挖掘属于自己的声音触点。Windows 系统的启动声音就是从微软丰富的品牌声音历史中沉淀下来的。企业也可以从产品本身出发创造性地挖掘自己的声音符号。宜家曾拍过一支“产品声音”广告，这支片子展示了双手抚摸或敲击宜家各种商品发出的声音，这些纯粹、空灵的产品声音，让用户隔空感知到了宜家产品的高品质。

经过长时间的沉淀，声音符号可以品牌化，成为品牌的一部分。从1993年开始，劲酒一直使用“劲酒虽好，可不要贪杯哟”这句广告语，历经三十多年，这句话在消费者心智中已经成为劲酒品牌的声音符号，也成为劲酒品牌的一部分。

3. 嗅觉：在消费者心智中植入味道记忆

新加坡航空邀请调香大师调制香氛，这一融合了玫瑰、薰衣草和柑橘味道的香水成了新加坡航空的嗅觉符号，新加坡航空还申请了专利。新航不仅把香水喷洒在机舱中，还喷到提供给旅客的热毛巾上，旅客与热毛巾直接接触，在蒸发作用下，“新航味道”深深植入旅客的嗅觉记忆中。据报道，“新航味道”还曾经帮助在机场大厅迷路的旅客找到新航登机口。

嗅觉可以不经过负责大脑信息初步筛选的丘脑和信息处理的前额叶皮质，直接抵达大脑。而且嗅觉直接与记忆相联结，当相同的气味再次刺激大脑时，特定的记忆和情感体验更容易被激活。有研究发现，人们回想一年前的气味准确度为65%，而回忆3个月前看过的照片，准确度仅为50%。同时，相比其他感官，嗅觉记忆的情感体验也更为强烈。

很多豪华车品牌都有自己的气味管理部门。劳斯莱斯在皮革中注入 800 多种成分，重塑了 1965 年劳斯莱斯的味道。消费者不仅可以嗅到皮革的怀旧气味，更能感知到劳斯莱斯的品质和品位。气味在其生产过程中被喷入车中，当然也嵌入了品牌中。

成功的嗅觉触点能够让消费者“闻”到品牌承诺。香奈儿五号的味道体现了品牌“独立优雅”的个性承诺，前面提到的新航香水味道体现了“安心舒适”的品牌承诺。

品牌的嗅觉符号需要精心管理。星巴克为了保持其独有的咖啡味道的纯正性，要求员工上班期间禁止使用任何香水。

4. 为消费者创造更多触摸产品的机会

英国大型连锁超市 ASDA（阿斯达）将某品牌卫生纸的包装去掉，以方便顾客触摸，感受纸张的柔软程度，结果该产品销量提升 50%。

可口可乐公司在拉斯维加斯街边的饮料贩卖机上安装了喷雾设备，只要温度达到 100 华氏度（约等于 37.8 摄氏度），设备就会自动启动喷雾，让人直接感受到肌肤的清凉。于是，人们纷纷前来光顾这些可口可乐贩卖机。

触觉（tactile perception）是人体发展最早、最基本的感觉，也是人体分布最广、最复杂的感觉系统。触觉不仅使我们产生对产品物理材质的生理感知，如物品的形状、大小、重量、质地等，同时触觉的生理体验会进一步“激活”心理感觉，引发人们对感知信息的识别和解读，如温柔的爱抚、愉悦的感觉等。

触觉最具行动力。触觉可以看作消费者行动的一部分，属于消费者“预行动”，它更容易转化为最终的购买行动。有研究表明，触碰产品会增强人们的购买意愿，触摸得越多，就会感觉这件产品越有价值，也会产生越强的产品归属感，越想拥有这件产品。

除有形的实物产品外，无形的服务产品一样可以创造性地运用触觉感官，触发人们行动。

我们曾经服务过一家银行，他们提出“真诚服务”的理念，致力于树立“有责任、有担当、有温度”的主流商业金融机构形象，可他们一直感觉与消费者有距离。为此，我们提出企业应打造一个触觉品牌符号：“37.5℃”，这个比人的正常体温略高的度数，是一个让人温暖的温度，通过这样一个可感知的温度数字，把企业的真诚服务的价值理念转化为客户可感知、可传播的感官语言，同时企业需要在与客户的真实接触过程中让用户真正感受到这份温暖。

5. 打造全感官品牌

买过车的朋友应该都有这样的经历：来到4S店，先围着车转上几圈，看看汽车的外观，然后坐进车里，试一试手握方向盘的感觉，摸一摸座椅的皮质，闻一闻车里的味道，有经验的司机还要听一听发动机的声音，靠“声响反馈”判断车辆的健康状况，好车发出的声音就像一支小型管弦乐队，演奏着一首多声部配合的、只属于这辆车的乐曲，下车的时候还要听一听“砰”的关门声是否浑厚有力。有可能的话，还要试驾一下，整体体验车在路上跑的真实感受，全面了解汽车的品质。

消费者调动五感与品牌全方位接触，全面感知产品和品牌，企业也就需要打造全感官品牌。

苹果可谓是精通“多感官演出”的大师。苹果手机机身是用一片打磨过的钢板精心打造的，触摸机身的时候，因为金属有很好的传导性，能感受到真真正正的触感；白色耳机已经变成年轻时尚的标志；苹果的包装盒不仅雅致，而且还散发着香味，拆开包装的过程，也就是所谓的“unboxing”被粉丝们大肆欢庆并被拍成短片分享给全世界；苹果旗舰店总是在充分调动顾客的所有感官来宣传这个品牌，独特的灯光以什么样的角度打在产品上，都经过精确计算，极大地迎合了顾客的审美感受；苹果产品发布会如同搭配着管弦乐的盛大仪式。毫无疑问，苹果营造的全方位感官刺激，是引发用户品牌狂热的关键原因之一。

我们曾经为中国劲酒提出打造“感官劲酒”的咨询建议。我们认为，劲酒作为一款保健酒，其健康功效要让消费者看得见、闻得到、品得出、听得见、摸得着，为此，劲酒要打造感官品牌，让消费者的每一次产品接触都成为一次全方位的感官对话。在视觉上，借鉴消费者对“茅台之黄”的广泛认知，劲酒可以打出“劲酒之琥珀”，以“琥珀色”作为劲酒健康功效的视觉化表达，甚至第一识别特征；在味觉上，以“草本芳香”为卖点进行挖掘表达；在嗅觉上，围绕劲酒独特的健康气味做文章；在听觉上，重拾“劲酒虽好，可不要贪杯哟”这一听觉符号。同时我们建议劲酒开发“健康测试”应用工具，用户可随时测量自身健康指标，让劲酒的健康功效不仅可以感知，还可以测量和量化，可以亲眼看到数字上的变化。

6. 打造数字化感官产品

宝岛眼镜店配备人工智能眼底照相机，能在很短时间内通过视网膜照片中的血管神经的分布状况，快速出具各项眼睛健康指标的报告，根据这些指标，完成下一步准确的验光配镜。这项服务推出后，交易额提升了 30%。

数字化赋能产品触点，让产品也成为体验中心，可以大大增强消费者感官体验，刺激消费者购买行动。同时，数字化产品也是话题中心和大数据中心。

美国一家公司研发的智能药瓶 GlowCap，利用新技术，可以提醒病人按时服药。可以联网的塑料瓶盖会自动下载病人的处方，比如高血压患者需要每天早上 7 点吃药，当时间到了 7 点，智能瓶盖就会发出橙色光，如果瓶盖没有在几分钟内被开启，智能瓶盖就开始响铃，而且越来越响，越来越急促，提醒不断升级，一直持续两个小时，如果之后瓶盖仍未被打开，智能瓶盖就会发送警告信息到服务器，给病人自动发送电子邮件和短信进行提醒。

10.2 充分使用媒体

对企业来说，媒体不只是用来做广告的，媒体其实还有很多功能和特长可以为品牌所用。企业与媒体合作，应全面使用媒体资源，充分挖掘媒体潜能，提高媒体投入效益。

从商业角度来说，媒体能为合作企业提供的两大基本功能是信息传播和公信力背书。围绕这两大基本功能，企业完全可以结合自身需求，全面使用媒体，除广告合作之外，还可以与媒体进行多个领域、多种形式的合作，创造最大的媒体使用价值。

我在凤凰卫视主管经营业务期间，曾提出“全域媒体服务”的概念，在企业和媒体全方位合作方面，做了很多实践和探索。

1. 内容合作

媒体在内容方面具有绝对优势，企业完全可以依托媒体在内容人才、内容策划、内容创作以至内容刊播等方面的优势，与媒体进行专业内容合作，如制作广告片、企业宣传片、品牌文章、品牌专题、品牌纪录片、内容 IP 等。

当时，凤凰卫视为劲酒、中国信保、鲁南制药等多家客户制作了多语种的广告片、宣传片和微纪录片，为侨外移民定制了大型纪录片节目《中国新移民》，为广东省佛山市南海区定制了系列专题片《问道南海》，为凤凰自行车 120 周年定制了纪录片。

2. 活动合作

媒体其实在承办活动方面也具有天然优势，每年举办多场大型直播活动就是最好的证明。媒体拥有专业的大型活动策划、组织、实施能力以及独有的传播资源，完全可以帮助企业承办产品发布会、节日庆典等各种主题活动，同时可以发挥媒体优势，为合作企业提供新闻报道、专题宣传甚至现场直播等具有媒体特色和独特优势的专有服务。

当时，凤凰卫视承办了红豆集团 60 周年庆晚会，提供从策划、导演到录制播出的全程服务，为山东临工承办了“世界好司机”颁奖盛典，还为蒂芙尼（Tiffany）、迪奥（Dior）等多家国际大品牌在凤凰卫视北京中心承办了年度新品发布活动。

3. 资源对接服务

媒体对接机构多，接触面广，拥有广泛的政府资源、文化资源和社会关系。企业可以根据自身需要寻求媒体资源对接。20 世纪 80 年代，厦门卷烟厂因为一条进口生产线上的螺丝坏了，而不得不停工生产，在一筹莫展之际，《厦门日报》帮助企业联系了海外供应商，解决了这一难题。

当时凤凰卫视依托全球化布局和海外资源，帮助出海企业对接当地政府及商会，甚至是联合国等国际组织，协助企业在海外进行商务对接和市场推广活动。

4. 其他服务

除上述合作之外，企业与媒体还可以在舆论公关、智库研究等更多方面进行合作。

我们当时还依托凤凰卫视的多方面优势，为居然之家打造了一个全域媒体合作经典案例。

居然之家提出“设计家”战略，并围绕这一新的品牌战略，与凤凰卫视开展了全域媒体合作。双方共同孵化了一档《设计家》节目，居然之家的设计师自然走进节目做节目嘉宾，双方还共同策划组织设计家论坛等线下活动，凤凰卫视主持人主持居然之家设计师颁奖晚会，还协助企业对接联合国教科文组织以及全球顶级时尚资源。同时，对于居然之家在推进自身“设计家”战略过程中的重大进展，凤凰卫视整合旗下全媒体资源（新闻报道、财经专题、企业专访、凤凰周刊专题、凤凰新媒体等）进行全方位报道。通过全域媒体合作，为居然之家打造了广告与内容结合、线上线下打通、海内外联动的综合立体的解决方案。

企业与媒体的合作空间还可以更具想象力一些。

《纽约时报》曾推出“超级创意车间”项目，团队汇集了编辑、设计师、制片人和创意人员。他们派记者潜伏到企业内部，以记者专业、独到的视角挖掘企业内部的社会话题，据报道，2016 年该项目为《纽约时报》贡献了 20%～30% 的收入。

由此我们可以反向思考，企业也可以邀请合作媒体派记者进驻，来挖掘企业内部人员发现不了的一些社会性话题。

10.3 聚焦关键触点时刻

有一次去深圳 79 号渔船餐厅吃饭，我发现点菜区的服务员给大龙虾等名贵海鲜称重时，分别用了三杆秤，可以让顾客清楚地看到不同秤称出的重量是不是一样的。

点菜无疑是餐馆的一个关键触点时刻，点多、点少、点什么菜，都将直接影响餐厅的收入，这家餐馆非常清楚这个时候顾客可能担心这些名贵海鲜不够斤两，所以用三杆秤称重，以打消顾客疑虑，让顾客完全放心购买。这家餐厅抓住了“点菜”这个细微的关键触点时刻，这是一个聪明的商家，难怪生意这么火爆。

抓住关键触点时刻，进行重点投入和精益化管理，可以收到事半功倍的效果。

宝洁的“真理时刻”是这方面的经典案例。宝洁在多年的营销过程中，挖掘出与消费者接触的关键时刻，并紧随时代变迁和市场变化，不断完善这些“真理时刻”。

零真理时刻：消费者查询产品信息的时刻。品牌此刻的重点任务是如何迅速抓住消费者的心。

第一真理时刻：消费者来到实体门店产品面前或在线上看到产品的时刻。品牌此刻的重点任务是激发消费者的购买欲望。

第二真理时刻：消费者购买和使用产品的时刻。品牌此刻的重点任务是让消费者满意，产生再次购买的愿望。

随着电商兴起，宝洁又与时俱进提出“1.5 真理时刻”：产品开箱时刻。消费者在线上下单后经过一段时间的等待终于真实接触到自己心爱的宝贝，一定是一个情绪的高点。品牌此刻的重点任务是让消费者产生惊喜。

为了优化消费者开箱一刻的感受，把这一刻打造成消费者新的惊喜时刻，宝洁下了很大功夫。在包装设计上，与线下传统渠道的设计有很大的不同，不同品牌采用不同的包装盒，是采用三层还是五层包装，以及内部放置什么样的填充物、是否需要环保设计等都经过精心设计，甚至细化到开箱的力度、难易程度等。

前面提到，运用“消费者的一天”分析工具，可以挖掘出消费者旅程中的关键触点时刻。

我们在为卡萨帝品牌提供咨询服务时，挖掘出卡萨帝品牌与消费者的年度关键接触时刻，主要集中在乔迁新居、新婚、新年、添新丁等人生“新”时刻。对于这些关键的时间节点，需要作为营销战役进行重点加强，重点投入。

我们还为居然之家进行过营销策划。消费者大多周末去逛居然之家，其关键触点时刻集中在每周的周末，所以我们就在每周的周四、周五在广播媒体集中投放广告，发布产品促销等信息，同时利用城市主干道的户外 LED 媒体发布相关提醒信息。

同样，品牌大多可以找到与消费者“每天”的关键触点时刻。比如，研究发现，麦当劳餐厅每天上午 10 点到下午 2 点是其关键时刻。

关键触点时刻，不仅是消费者与品牌的接触强度最高的时刻，同时最好也是消费者的情绪高峰时刻。因为消费者的情绪状态是影响接触效果的一个重要因素，当消费者情绪积极时，他们更容易记住品牌信息，更容易接受品牌，也更容易产生购买行动。

英国广告从业者协会（IPA）对人们全天情绪高峰时刻进行了专项研究，研究发现人们在下班时情绪最高涨：早上刚离开家时，人们情绪平均最低，上班前情绪逐渐变得积极，在下班时情绪产生巨大飞跃，达到一大峰值。这是品牌真正的机会，无论是通过手机广告还是路边的海报，此时向消费者传递品牌信息会取得更好的效果。对某些品牌来说，还可为晚间电视广告传播做铺垫。

研究还发现，购物后人们的情绪达到高点，此时消费者更开放，接受信息的意愿更强。这也是品牌传递信息的好时机，此刻给消费者推送品牌相关信息，接受程度往往很高。

这些洞察帮助品牌更准确地选择最佳接触机会。聚焦消费者接触强度和情绪高峰的交叠时刻，会产生更好的沟通效果和更高的投资回报。

英国比价网站 Confused.com 的目标用户是司机群体，广播媒体是他们的第一接触点。通过对司机群体全天情绪监测发现，工作日下午下班时段是他们全天最快乐的时刻。因此，网站选择周一至周五下午 4 点—7 点在广播媒体进行广告投放，最终成功建立司机群体与品牌之间的积极关系。

下面我们再来看潘婷洗发水的一个经典案例。

潘婷的目标人群是 40 岁左右的中年女性，她们积极主动地追求健康的生活方式，并乐于为自己的美貌增添自信。品牌深知，头发是影响女性形象的一个重要因素，也是女性外表中最难控制的部分之一。

研究发现，潘婷消费者对天气特别关注，很多消费者常常抱怨，天气湿度变化过大，她们的洗发护发产品就失效了，会导致发质变糟。潘婷判断，她们需要一种可控的办法。

潘婷与美国最大连锁药店沃尔格林（Walgreens）和天气频道（Weather Channel）App 合作。当消费者在手机上查看天气信息时，潘婷会为她们提供“秀发播报”，实时传递本地化的天气状况等信息，同时基于地理位置信息向消费者推荐相关的潘婷产品，“秀发播报”还提供沃尔格林药店的优惠券，吸引药店附近的消费者到店购买。

潘婷抓住“天气变化”这一关键触点时刻，在消费者需要的时候提供必要的产品和信息，赋能消费者，成功推动了产品销售，当年7月和8月，潘婷产品在沃尔格林药店的销售额同比增长了24%。

10.4 重视“沉默”的员工触点

宝岛眼镜在疫情期间充分让员工发挥作用，建立起强大的品牌声量团队。尽管行业同比下跌10%～15%，但宝岛眼镜利用员工私域运营，获得了5%的业绩增长。

以前他们也会花钱请MCN机构在不同平台写内容，但后来发现，他们所写内容有大量错误信息，虽然消费者喜欢看，但说不准、说不到点子上，转化率也低。最后他们想，倒不如请自己公司经过多年培训的专业人士，自己在声量平台上做内容。

他们发动旗下全国200个城市近1 100家线下门店的7 000多名员工，创建了7 000+个大众点评账号，800+个小红书账号，20+个抖音账号，以及800人的直播团队，直面用户，更专业、更专注、更闭环。宝岛眼镜把自己打造成一家培养达人、活跃声量的MCN机构。

企业还有一个额外的收获——全员 MCN 化，鼓励员工在各个平台成为达人、打造个人 IP 之后，员工的工作积极性反而提高了，释放出不一样的能量。之前，员工从早上 10 点到晚上 8 点坐班，其间还被禁止玩手机，工作很枯燥，改革之后，门店员工不仅是宝岛眼镜的销售、验光师或是管理层，还是小红书达人、抖音达人，离用户更近了，工作热情更高了，很多年轻人之前不为人知的技能被挖掘出来。

员工触点，包括在很多时候是“沉默”的接触点，但影响力巨大：

1. 员工是品牌第一代言人

员工赋予品牌真实的声音和面孔。员工的表情就是品牌的表情，员工的态度就是品牌的态度，员工的形象就是品牌的形象。员工无时无刻不在为品牌代言，员工可以说是品牌的第一“代言人”。企业员工人人都是品牌官。

2. 员工是品牌的意见领袖

员工是最大的 KOL 和 KOC。员工对自家产品的评价、使用，以及发出的任何信息，消费者都会以为是内部信息，是第一手的最可靠、最真实的信息，是标准答案。员工传递信息的可信度大于任何一个品牌主官方的公告。员工触点属于权威触点。

3. 员工是最好的种子用户

员工不仅是产品的创造者，也是产品的消费者，而且是关键消费者。有企业要求员工必须使用自己企业的产品，逢年过节发放大量产品作为福利给员工、员工的家人和亲朋好友使用，本身就是一个大大的广告。

特别是新产品推出阶段，企业可把员工当作早期使用者，由“种子用户”员工向其亲朋好友等密切关系者进行渗透，然后再一层层扩展。六度分隔理论告诉我们，通过六个人就可以与世界上任何一个人连接上。所以，员工也是一条快捷的营销通路，可以实现产品的自传播和自营销，员工数量特别多的企业尤其适合。

4. 企业要鼓励员工使用自己的产品

在现实生活中，我们看到有太多的企业花费大量的广告费、营销费宣传推广产品，但从老板到员工从来不使用自己的产品。网上有帖子说，国内有一家知名火腿肠企业，员工从来不吃自己厂生产的产品，不知道是对自己的产品品质没有信心，还是觉得自己的产品不如竞争对手的好吃。

员工使用自己的产品，本身就是为企业和产品做了一个最真实、最有效的广告，本身就是向其他消费者证明对产品品质的信心。同时使用产品是一个深度体验的过程，让企业更加清楚自己产品的优缺点，相当于做了一次深入的市场调查和消费者研究。同时以消费者的身份使用自己的产品，有利于培养和形成真正的消费者思维。

需要说明的是，员工是“泛员工”概念。员工触点包括企业内部的所有人员，既包括一线的客服人员、销售人员等“前台”员工，也包括技术、人力资源等所谓“后台”员工，同时包括广泛的企业“外部员工”，如企业股东、供货商、经销商、品牌代言人等。消费者会认为这些与企业有任何关联的人都代表企业，都是企业的人。

每一个员工触点都是重要的。企业的创始人、CEO 是重要的员工触点，企业的任何一个岗位的员工同样是重要的员工触点，甚至企业的门卫、司机等，一样会影响社会大众和消费者的品牌认知和购买行动。

员工是内部客户。企业对待员工的方式会传导到员工对待消费者的方式。所以，对企业来说，内部营销很重要，要培养员工对企业的归属感、自豪感和幸福感，让员工及时掌握最新的企业发展和品牌成长信息，这些都将在员工向外部展示的一言一行以及自媒体表达中流露出来。

10.5 建立媒体化组织

特斯拉从不做广告，可世人皆知。因为企业在不断“生产”新闻和话题，企业创始人马斯克说今天脑子里装个芯片就可以获得无穷知识，而且在猪身上已经试验成功了，马上就能植入人脑了等。特斯拉一直在创造社会大众感兴趣的、媒体需要的甚至本应是媒体生产发布的内容，这些内容特斯拉一旦发布出来，各媒体自然主动转发报道，帮特斯拉免费向全世界“播报”。可以说特斯拉已经把自己打造成了一个媒体化组织，这就是它背后的逻辑。

打造媒体化组织，少花钱或者不花钱，一样有宣传效果，企业可以相应减少付费媒体投入，这的确是降本增效的“低垂果实”。

企业本身就是媒体。不是说只有新产品问世了，或者取得什么重大技术突破了才值得宣传，企业的办公大楼、工作车辆、员工、门店等任何消费者可能接触到的元素，都具有媒体属性，都可以成为媒体宣传的素材。企业要善于挖掘自身具有媒体价值的元素，尽最大可能广泛传播。

具体来说，企业的某些产品或产品元素都有可能成为关键的媒体化素材，比如宜家餐厅一元钱的冰激凌、威斯汀酒店的“天堂之床”、南航的“大碗面”，都是吸引消费者的关键因素，也是消费者甚至社会大众讨论的话题。

企业还可挖掘品牌的某些特别时刻进行媒体化传播。比如，保时捷把每一个用户的交车仪式都办成了一次精彩的直播活动，进行广泛传播。

打造媒体化组织，需要企业转变内容营销理念，需要进行相应的组织和人员配置。现在很多企业都建立了自媒体矩阵，有的企业还成立了内容营销部门，但大都还是在从企业的视角创作内容。企业需要从内容思维转向媒体思维，从做内容转向做媒体，从内容中心转向媒体中心，用记者的思维、新闻的视角去挖掘媒体需要的素材和议题，再按照媒体传播的逻辑、而不是企业宣传的逻辑去编辑和呈现。未来，无论什么性质和多大规模的企业、组织和个人，都应该建立实体的或虚拟的企业媒体中心和编辑部，配备品牌记者和品牌编辑。

10.6 向创意要效益

创意，能带来大效益。

纽约一家小型酿酒商主要为社区年轻居民提供适合他们口味的啤酒。该公司成立之初，营销预算有限，如何打开纽约市场呢？调研发现，这些年轻消费者一般都喜欢晚上出门娱乐。该公司创造性地找到了与目标消费者沟通的新触点：社区商店的卷帘门。到了夜晚，商店关门，卷帘门纷纷落下，该公司在上面创作了各式各样的品牌主题的涂鸦作品。这些年轻消费者在去酒吧的路上经过这些社区商店时，不由得驻足观看，到了酒吧不少人就会购买这个品牌的啤酒。

该品牌通过创造品牌与消费者的新触点，打开了一个新市场。这样的例子还有不少。

Sparring Partner 健身房在店外不宽的街道上空拉了一根横杆，横杆上挂了一幅巨型海报，画着一个身材健硕的男士正在单杠上做引体向上，画布上的单杠就是上方的横杆。这样一个新触点，花钱很少，但构建了一个生动的运动场景，吸引了过往行人对旁边这家健身房的关注。

IBM 曾经发布过一组户外候车厅广告，将本来贴在墙面的平面广告牌，改造成立体呈现的避雨亭、长凳等，让广告增加了服务功能，消费者在使用IBM避雨亭、长凳时，更加深刻地领会了IBM“智慧城市”的品牌价值主张。

其实有很多好的媒体广告形式，不是媒体设计推出的，而是由企业提出甚至是由其策划设计出来的。下面是我亲身经历的一个案例。

2006年德国世界杯期间，步步高找到中央电视台要做世界杯广告，当时赛程已经过半，广告额度已售罄。步步高提出买断点球大战直播前30秒的广告时间，当时央视没有这个广告位置，而且谁也不知道之后的赛程会有多少场点球大战，这时步步高提出，可以按后面每场比赛都有点球大战来提前付费，到时再按实际场次结算。步步高企业的这一创新想法，使其成为那届世界杯广告的最大赢家，也帮助中央电视台在产品体系中增加了“点球大战”这样一个热点广告产品。

创意是一个宽泛的概念。不仅内容创作需要创意，媒体使用也需要创意。商业合作本身就是一个双方互动、共商共创的过程，企业完全可以打破常规，创造性提出适合自己的媒体产品形式，甚至创造一个新的媒体。这样的产品更加契合品牌的需要，效果会更好，同时企业参与了价格制定，往往也能享受相对更低的价格。

管理大师彼得·德鲁克说，动荡时代最大的挑战，不是动荡本身，而是使用过往的思维来应对动荡。在经济不景气的当下，更需要创新、创造、创意。企业发展、品牌营销需要创意，生活也需要创意。

在每个学期结束的时候，我都会给同学们讲这样一个故事：

1951 年，爱因斯坦在普林斯顿大学教书。一天考试结束，在回办公室的路上，助教小心地问他：“今天的考题与去年一样，您怎么给同一个班连续两年出一样的考题呢？”爱因斯坦回答说：“答案变了。”

考题没变，是答案变了。一年下来，很多东西都变了，需要新的答案。

年复一年，市场给每一个企业提出的课题其实都是一样的。但市场在变，一切都在变，答案也永远在变。品牌营销需要创意性思考，需要寻找属于自己的创造性答案，这样才有可能获得最佳效果和最大效益。

生活又何尝不是这样。人生的命题亘古不变，但需要每个人创意性地探寻最适合自己的路，创造属于自己的精彩人生。

图书在版编目（CIP）数据

投得值 / 夏洪波著 . -- 北京 : 中国人民大学出版社，2025. 4. -- ISBN 978-7-300-33749-4

Ⅰ. F274

中国国家版本馆 CIP 数据核字第 2025532AK8 号

投得值

夏洪波　著

Toudezhi

出版发行	中国人民大学出版社		
社　　址	北京中关村大街 31 号	**邮政编码**	100080
电　　话	010-62511242（总编室）		010-62511770（质管部）
	010-82501766（邮购部）		010-62514148（门市部）
	010-62515195（发行公司）		010-62515275（盗版举报）
网　　址	http://www.crup.com.cn		
经　　销	新华书店		
印　　刷	北京宏伟双华印刷有限公司		
开　　本	890 mm × 1240 mm　1/32	**版　　次**	2025 年 4 月第 1 版
印　　张	7　插页 1	**印　　次**	2025 年 4 月第 1 次印刷
字　　数	142 000	**定　　价**	69.00 元